Abrégé des fruits acquis par l'ordre
des Frères Mineurs ès quattres [sic]
parties de l'univers, nommément la
Conversion du Nouveau Monde, recueillies
par un Père Cordelier en Bruxelles. —
Bruxelles, François Vivien, 1652. In-12
(13 cm. 7), pièces limin., 171 p., titre gr.,
4 fig. ~~métailledouce~~ gr. dans le texte.

(Rel. anc. veau. — Ex-libris du prince Roland
Bonaparte.)

- fiches analytiques

- fds. biblr. (Noël) : Vivien (François),
                                    Bruxelles

- fds. d'artistes : fig.1 : A.S.   P.O.
                    fig.2 : A. Sallaris del.
                    fig.3 : P. Dannoot sculp.
                    fig.4 : P. Frontiers déi.
                            P. Dannoot scul.

- fds. de vente : Dufossé

détails complémentaires : - " Dufossé. 10. V- ?
1894 40 f. " - au 2.e du dernier plat, notice
collée de cat. de vente (Dufossé ?) n.o 62.091 :
mise à prix : 50 fr. Signale que la dernière
gravure " Représente l'Amérique supposée par
l'anges ; l'offrant à St. François ".
c'était bien pour illustrer... "

SANCTE · DOCTRINE

ABREGE
DES FRVITS ACQVIS
PAR L'ORDRE DES
FRERES·MINEVRS
Es quattres Parties de
L'univers Nommement
la Conversion du
NOVVEAV MONDE
Recueillis par vn Pere
Cordelier en Brucelles

A BRVXELLES
Chez François Vivien

Au tres-noble genereux Chevalier,

Messire

FREDERICQ
DE
MARSELAER,

SEIGNEUR DE PARCQ,
ELEWYT St. HUBERT,
HARSEAUX, OYKE,
BORRE, LOXEM, ET
DE LA FRANCHISE
DE OPDORP, &c.

MONSIEUR,

L'honorable Bourgeoisie, & l'ōne communauté de la Ville de Bruxelles, esmeute de devotion, ayant à l'honneur du tres-renommé & tres-singulier amis

* 2   de

de Dieu, nostre Pere Seraphique *S. François*, faict battir nostre Convent du dit Seraphique
Ordre, un an apres son decez de
ce monde 1226. Nous pauvres
Religieux, inhabitans d'iceluy
Convent, estans occasionez de
mettre en lumiere ses vertus, sa
bonne & saincte vie, principalement sa pauvreté volontaire, pa-
tience, chasteté, & humilité, selon qu'avons déja faict en l'ab-
bregé de sa vie en l'an 1650. de-
dié à vostre Seigneurie, mesme comment divers Peres &
Religieux de nostre dit Ordre,
ayent esté envoyez aux quar-
tiers des Barbares, Royaumes
des *Indes*, & peuples payens
pour faire retentir la trompett
Euangelique, & jetter la semen

c

ce de la parolle de Dieu , entre
lesquels le Reverend Pere *Ioſſe
de Rÿcke* de *Marſelaer* , grand Oncle de voſtre Seigneurie , per-
ſonnage tres-vertueuſe, Catholique, & Apoſtolique, par ordre
de Sa Saincteté , & charge du
Chapitre de noſtre dit Ordre,
tenu en la Ville de *Tolouze* l'an
1533. fut envoyé en qualité de
Legat Apoſtolique, au quartier
de l'Occident de *l'Amerique* , au
Royaume de *Peru* , ou il travail-
lá beaucoup pour la foy Catholique, & plantá la lumiere du S.
Euangile, ſignament en la ville
Capitale de *Quito*. En memoire
de ſes merites , & attendu que
les Predeceſſeurs , & Anceſtres
de voſtre Seigneurie ent tou-
jours teſmoigné d'eſtre grands
*   3   bien-

bien faicteurs de noftre dit Cõ-
vent de Bruxelles, confiderans
leur ancienne nobleffe, mefme que paffé plus de cinq cens
ans, ils ont efté Chevaliers, auffi
employez par les Ducx de Brabant, aux affemblées des Ef-
tats, honorez es Iouftes, &
Tournoys d'iceux Ducx, parmy
autres principaux Cavaliers de
ce pays.

Ces confiderations nous ont
obligé d'addreffer ce petit Li-
vret à voftre Seigneurie, qui luy
eft deu, & appertient, comme
au plus ancien Bourgemaiftre
de cefte ville, & pour les hono-
rables charges que vous avez
eu, & exercé en icelle, vray
heritier des rares, & fingulier
vertus qu'avez reçeu de vo
Pro

Progeniteurs, ne cessant à leur
imitation, de monstrer en toutes occasions, l'affectinn, & in-
clination naturelle que portez
à nostre Ordre, & profession:
particulierement à l'aide, & as-
sistence de ce Convent de Bruxelles, mesmes à l'embellisse-
ment, & commodité d'iceluy:
ainsy des pauvres Clarisses, ou
vostre bonne Sœur REGINE
Religieuse encor vivante, prie
le Seigneur Dieu incessament,
joint ces Consœures, pour la celeste benediction, & prosperi-
té de vostre Seigneurie, de cette Ville, & inhabitans d'icelle.

Reçevez donc ce petit don
comme un eschantillon de la
recognoissance, que desirons
rendre à vostre vertu, & aux

DEDICATION.

favorables effects de voftre bien-veillance, & pour demonftration de noftre devoir, & devotion vers voftre Seigneurie, comme celle qui ne mefprife les moindres, à la quelle Nous Nous foubmettons de demeurer à perpetuité,

Vos tres-humbles, & tres-obligez Orateurs en Dieu,

Le Guardien, & Convent de S. *François* à

BRVXELLES.

De Bruxelles **1.** *Decemb.* **1651.**

TABLE

TABLE
DES CHAPITRES.

Premier Chapitre.

TABLE

§. IV.

II. CHAP.

§. II.

DES CHAPITRES.

III. CHAP.

DV travail, pour le gain des ame,
que l'Ordre de S. François a
faict en Syrie, Tartare, & les autres

TABLE

DES CHAPITRES.

TABLE

VI. CHAP.

DV grand profit que l'Ordre Sera-phique a faict au nouveau monde, dit l'Amerique, & y faict jusques au jourd'huy en la Conversion des a-mes.   133

§. IV.

S. P. Franciscum suftentantem Eclesiam
uidit Innocentius. III.

S: bonie.3.uitg

PREMIER CHAPITRE.

De la conqueste des ames que l'Ordre Seraphique a faict en Europe.

§. I.

Sainct François esleu pour renouveller l'Eglise Militante, envoye ces Religieux par tout les cantons du monde.

L E Tout-puissant ayant produit l'Ordre Seraphique soubs son Confesseur S. *François*, & ces onze Compaignons, revela en vision, au Souverain Pontife *Innocent* III. que S. *François* estoit deputé de la part du Ciel, pour soustenir l'Egli-

A se

ſe de *Lateran*, panſchante à ſa ruine.
Ceſte Viſion ſe verifie durant les
quatre ſiecles, que ceſt Ordre ſi celebre eſt au monde, qui ne reclament
que les fruiccts incroyables, & les victoires ſignalees, que S. *François*, &
ces compaignons ont emporté ſur
les adverſaires de l'Egliſe Catholique.

Ce grand ſainct, ayant appris par
revelation, qu il eſtoit deſtiné, luy, &
ces Religieux, pour convertir les a-
mes, & renouveller la S. Egliſe, di-
ſperça ces confreres par touts les
Cantons du monde, en s'en reſervant
une partie pour ſoy meſme: le profit,
les Victoires, & la gloire qu'ils rem-
porterent, eſt reſervée pour uñ autre traitté plus ample, mais puis que
nous ne faiſons qu'un Epitome, met-
tons ſeulement le principal en brief.

§. II.

§. II.

De diverses heresies que S. Françoys en sa vie, & de ces compaignons, a assoupiez en Europe.

L'*Europe* que ce Pere Seraphique s'estoit reservé en partage, estoit infecée de plusieurs heresies, à sçavoir des *VValdenses*, autrement appellez *les pauvres de Lion*, lesquels condamnerent tous les arrests tant de tribunaux Civiles, qu' Ecclesiastiques, à raison qu'il y at escript en S. Matthieu cap. 7. *Nolite judicare.* Firent aussi deffence de celebrer la Messe, & ouir les Confessions, estoit commun au Layques; enseignerent, que toute lubricité estoit permise, & plusieurs autres abominations directement contre les loix de nature. Les Reliques d'une certaine secte, vulgairement nommez *les Humbles*, n'estoint encores entieremét estouf-

fées,

fées, que tout feculier qui fut, pre-
fumeroit de s'ingerer en l'office Pa-
ftoral, & la charge des ames. La
fecte malheureufe des *Albigges*, ve-
noit à naiftre au pays de *Tholouze*,
tenant pour maxime infallible deux
principes, l'un bon, l'autre mauvais.
Le bon, Dieu, & le mauvais, le diable: Rejetterent le Baptefme, nierent
la Refurrection : la tranfmigration
des ames, des corps en corps, leur
fembloit infallible, en fin tenoint
les bagatelles, & ordures, des heretiques modernes. Ces fectes mal-
heureufes avoient faict des progres
incroyables, inondans plus de mille
Villes d'*Europe*, ouy toute l'*Europe*
eut efté inondée par ces miferables,
fi plufieurs bons Catholiques ne fe
fuffent mis fur la deffenfive par des
armes. Pour comble du malheur de
ce fiecle endiablé, la diffention fan-
glante furprit *le Pape*, & *Frederique*,
mefchant Empereur, qui felon le
raport

raport de *Iacques Bergomensis lib.* 13.
suppl. ad annum 1217. estoit venu à
tel degré de malice, (comme il parle) que plusieurs personnes sinceres,
mesme Ecclesiastiques, s'estoint a-
bandōnez à si grāde liberté de vivre,
qu' à peine pour lors l'on trouvoit
l'ombre de la foy Catholique, tant
ils portoient les marques, & les costumes des nations Barbares. Voyla
la marque infallible d'un siecle de-
plorable, & l'estat desolé de la saincte Eglise au temps du Seraphin terrestre *S. François*; les abominations
estoint suffisantes, pour faire resoudre le Ciel, alancer ces foudres, si
l'entremise de la Vierge, ne les en
eust pas detournéz, montrant à son
fils deux objects de rare saincteté,
S. François, *& S. Dominique*, vrays
instruments pour faire changer la
face du monde, & renaistre une vie
tout nouvelle. L'homme Seraphiq
S. François, depeschant ces Religieux
A. 3 par

par toute l'*Europe*, ramena une infinité des brebis egarées: les Histoires
de l'Ordre le raportent, & principalement la vie de S. *Antoine à Padua*, qui outre le nombre excessif de
la populaçe, fit retourner au vray
Pasteur, les plus egarées, mesmes
les heresiarches, chefs des heretiques, & ce cœur endurçi le Tyran
sanguinaire, meurtrier de soixsantes
Freres Mineurs *Ezelinus*. Voyla bien
un puissant instrument que S. *François*, & les siens, qui terrassent si puis-
samment tant de sectes venimeuses, si
enracinées, & si differentes.

§. III.

*La practique de S. François, pour ex-
tirper la dissention de l'Eglise.*

POur detourner le second mal de
l'Eglise, Dieu employa S. *François*, son instrument ordinaire, par
lequel

lequel il avoit decreté, d'operer ces
merveilles comme aux temps passé
par la verge de Moyse. Mais le mal
de discorde estoit grand, puis que
l'Empereur *Frederiq* obstiné en sa
malice, supposa au Pape *Alexander*
III. Vicaire legitime de Iesu Christ,
en voullant establir quatre Papes
pretendus schismatiques. Le S.
Siege voyant donc la guerre decla-
rée, prit ces armes, excommuniant cet
Empereur perfide d'ailleurs. S. *François* est animé de la grandeur du mal,
lequel en son esprit, & son courage
trouve de l'eau pour esteindre ceste
flamme; luy mesme procede comme
un anneau entre les loups, fainct parmy les impies; s'arme de ses armes,
& de ses paroles, & fit la guerre à
ceste haine irreconciliable. L'Esprit
Prophetique du S. Pere (selon *Pi-
sanus*) prevoioit ce schisme de 39.
ans, commencant en son temps soubs
le Pape *Vrbain* IV. Et pour remedier

A 4 à ce

à ce peril manifeſt de la ſainct Egliſe, crea tous ces Religieux, defenſeurs d'icelle, les obligeant par veu ſolemnel a obeir au S. Siege Apoſtolique, *Reg. S. Fran. cap.* 10. Prennez guarde en paſſant ce traict admirable du Pere Seraphique, qu'il eſt le premier entre tous Religieux, qui oblige ſes enfans par veu ſolemnel au Vicaire de Dieu ſouverain de l'Egliſe Romaine, & Apoſtolique, & en vertu de ce veu, le Ciel favoriſa cet Ordre par la prerogative eminente, d'appaiſer les diſcordes particulieres, mais auſſi de ſervir les Couronnes, les plus diviſées, ce qui merite un paragraphe particulier, & le voicy.

§. IV.

Diverſes paix faictes en Europe, *par S. François, & ces Religieux.*

CE n'eſt pas ſans raiſon que l'on attribué au Patriarche des pauvres,

vres, la qualité de l'Ange de la paix,
puis que luy , & ses enfans , en ont
estéz si souvent les instruments , l'an
1211. Le Seraphique Pere accorda
les different de ceux d'*Aretie*. L'an
1216. appaisa la querelle de la famille de *Basilces*, trainant en guerre
leur ruine asseurée. L'an 1224. as-
soupit les animositéz entre l'Evesque , & le Magistrat d'*Assige*. L'an
1232. manjerent les Freres Mineurs
fort favorablement l'affaire espineu-
se d'unir l'Eglise Grecque , avec la
Latine, pour lequel fut envoyé du
Pape *Innocent* IV. le General *Iean
de Parma*. L'an 1262. La commission
de conclure avec les Grecs fut don-
née au Freres Mineurs; & l'an 1271.
Gregoire X. envoya le Reverend Pere *Hierome Asculan de Bona-gratia*
à Constantinople , qui traicta in-
dustrieusement ceste affaire avec
l'Empereur *Michiel* VII. *Palæologus*,
& les Prelats Grecs , lesquels deter-

A 5 mine-

minerent unanimement de depe-
scher leurs legats au Conceil de
Lion, ainsi qu'ils firent : le Docteur
Seraphiq *S. Bonaventure* y eut la
Presidence, lequel unit par la force
de ces raisons l'Eglise Grecque , &
la Latine. Le Pape *Nicolas* III. pour
perfectionner avec les Grecs , donna ordre à quatre Freres Mineurs
d'aller à *Constantinople* , & demander les signatures de l'Empereur, &
des Prelats de son Eglise , lesquels
il luy apporterent depuis à Rome.

La mesme année le susdict Pere
Hierome, General de l'Ordre, & depuis le Pape *Nicolas* IV. & le R.
Pere Beneventus en faict de paix entre
la Couronne d'*Arragon* , & de *France*, on faict heureusement la paix. Le
Pape *Boniface* employa deux Freres Mineurs pour la reduction de
Sicile soubs son obeissance. Les Peres
du mesme Ordre,& principalement
Iean Minius de Muro, arresterent l'an
1298.

1298. le cours furieux de la guerre
ſanglante entre *Philippe* VIII. Roy
de France, & *Eduard* Roy d'Engleterre, & *Guido* Compte de Flandres:
La negotiation prudente des Freres
Mineurs, enfans de S. *François*, in-
duit l'an 1369. l'Empereur *Iean Pa-*
leologe à deteſter le ſchiſme entre
l'Egliſe Grecque & Latine, & à am-
braſſer l'union tant de fois ſouhai-
tée, & ſi neceſſaire pour la foy Catholique. S. *Bernardin* diſſipa, au
temps de *Nicolas* V. les diſſentions
funeſtes entre les *Guelphes*, & *Gibelli-*
nes, comme le ſoleil les brouilars, ap-
paiſales troubles des Republiques,
eſtablit les repos des Villes, condui-
tes par les miſeres au bord de leur
precipice. Soubs la ſouverainité de
Pius II. l'an 1456. le Duc de *Milan*,
François Sforce, fulmina des menaces
inconſiderées contre le Directeur
ſouverain des ames, le R. Pere *Ange*
de Bolſene, Docteur en Theologie les

ranga

ranga à son devoir, par un raisonnement irrefragable.

La providence Divine, donna sa
place en terre au *Sixte* IV. l'an
1476. qui suivant son Capitaine employa tous ces esprits à la paix des
Princes Catholiques, ou il reussit
tres-heuresement, pacifiant le Roy
Matthias d'Hongrie, avec *Frederic* III.
Empereur de Rome. Et *Lovis Roy de
France* avec le Duc de *Bourgoigne.*
Matthias Roy d'Hongrie entreprit
l'an 1479. une guerre fort dangeu-
reuse à l'estat tant Politique que
Ecclesiastique, contre le Roy de *Po-*
loigne, *Cassimire*, & *Vladislay* Roy de
Boheme. Le Pere de la Chrestienté
Sixte IV. resentant la cruauté de ces
enfans, dechirans les uns, les autres,
se persuada prudament, que le zele,
& la capacité du Cardinal *Gabriel de
Verone* Frere Mineur, & *Baltazar du
Piscia*, du mesme Ordre, nonce A-
postolique les pouroit d'esarmer,
pour-

pourquoy les delega, & negotierent
si dextrement ceste affaire impor-
tante, qu'ils en tirerent les succes
pretendu. Le mesme Pape voyant,
que ny la douceur, ny la raison n'e-
xercoient aucun empire sur les e-
sprits passionez des Princes, & Re-
publicques *d'Italie*, divisez par la
guerre, employa ces forces pour obtenir la paix, mais sans effect ; car il
se trouva à une extremité dangereu-
se; il implore le secours de la Vierge, se jette devant son image mira-
culeuse, promet de luy eriger une
Eglise Magnifique, & la nommer
Marie Pacifique, *Maria Pacis*, s'il
luy plaisoit de donner la paix par
son extremise. Sa priere fut exaucée,
il obtient la paix, pour sa patrie, &
s'acquitta de sa promesse. Ie remarque, me trouvant sur la considera-
tion de la vie des Papes, Freres Mineurs, qu'ils sont si signalées en pro-
curant, & faisant la paix, entres les
parties

parties difcordantes, que plufieurs
Hiftorioghraphes le notent, en la vie
des Papes, & fignament *Onufre Pa-
nuinio*, & *Platina*, & autres. L'an
1486. l'efprit de difcorde, excita u-
ne tempefte fi furieufe en la ville de
Perufe, qu'elle fut menacée d'un trift
naufrage, mais le bien heureux *Bernardin de Feltrio* par fa dexterité, luy
rendit le calme, & la tranquillité
perduë. L'année fuivante, le mefme
Pere accorda des bourgeois de *Tu-
derte*, qui luy erigerent fa ftatue fur
la maifon de Ville, en memoire, d'un
action fi celebre.

Ces factions execrables des *Haux*,
& *Cabelliaux*, avoint efté quelque
temps foubs le cendres, mais pour en
temps, & occafion d'augmenter fa
flamme, ce quelles firent l'an 1444.
ambrafant la Ville *d'Amfterdam*, *Har-
lem*, *Leyde*, & toute la Hollande, le
bienheureux *Theodore de Munfter*, Frere Mineur, accorrut au feu; & par fa
vie

vie exemplaire, & à force de ces ex-
hortations, & la puissance de ces
raisons, estouffa le tout, & fit fin à
tout disordre. Le mesme Pere en-
gaiga sa vie au temps de la contagion, ravageante de Bruxelles l'an
1489. & consola 32000. personnes,
toutes administrées de ces propres
mains, & recognut depuis par revelation que de ce grand nombre, deux
furent seulement frustrez de la gloire; il estoit le miroir de la vertu, o-
perateur de beaucoup des miracles,
trespassa l'an 1515. 11. de Decembre.
C'est le raport *d'Arnout Raißius*, autheur de sa vie.

L'an 1598. le R. Pere *Bonaventu-
ra Catalagirona*, General de l'Ordre,
lia par sa negotiation adroite, les
deux Couronnes *d'Espaigne*, & de
France, ayant estez destournes par u-
ne guerre assez sanguinaire. Le R.
P. *Ian Neyen*, Commissaire General
du mesme Ordre, l'an 1609. fit un
peu

peu reſpirer noſtre Patrie deſolée,
par la guerre continuele, compoſant
la Treve de 12 ans, entre le Roy *d'E-
ſpaigne* , & les Eſtats des Provinces
unies. La memoire des travaux , &
des affaires importantes ; tant pour
la foy Catholique, que la noble Mai-
ſon d'Auſtrice, de l'Illuſtriſſime Pere *Ioſeph Bergaigne* , natif *d'Anvers,*
premierement Eveſque de *Bolduc,* &
depuis de *Cambray,* Frere Mineur de
Profeſſion ; ne me permet preſque
pas que j'en parle , toutefois je ne
puis paſſer de dire, qu'ayant obtenu
par ces rares qualitéz la charge de
Plenipotentier pour la paix à Munſter,
qu'il y fit valoir ſon office, & paroiſtre ſa dexterité en pluſieurs confe-
rences, contribuant puiſſament pour
la paix , dont nous joüiſſons , entre
Philippe IV. Roy *d'Eſpaigne,* & les E-
ſtats *d'Hollande.* Mais le plus rare eſt,
qu'il s'eſt ſignalé par 32. Ambaſ-
ſades aux Roys , & Princes de *l'Europe.*

rope. Il morut l'an 1647. le 24. d'O-
ctobre.

§. V.

*De la conqueste des Ames, par les Reli-
gieux de S. François en Europe apres
le trespas du S. Pere.*

LE present paragraphe me donne
subjet de parler du Pere Seraphique du quel le zele estoit si ar-
dant, qu'il n'employa par seulement
ces travaux, & melieures pensées,
à la reduction des schismatiques, &
heretiques à l'obeissance de leur Pasteur legitime le Pape de Rome,
mais aussi tenta, tout pour la conversion des Saracins, usurpateurs d'une
bonne partie *d'Espaigne* mesme se
trāsporta en ce pays, ramassât de toutes parts les pauvres brebis egarées,
dont il en ramena un nombre fort
considerable à la S. Eglise. Apres le
trespas du S. Pere, ces enfans vrais
servi-

serviteurs de son zele, furent envoyé du S. Siege, en *Suede,* *Poloigne,* *Moscovie,* *Russie* , & autres pays Septentrionaux , ou il conquesterent des ames en grandissime abondance. *VVadinghe,* & *Beuter. in Chron. l.1. c. 36.* raportent, un cas merveilleux arrivé l'an 1231. de deux Freres Mineurs, menez au supplice à *Valance,* pour la Confession de la foy Chrestienne, à scavoir qu'ils impetrerent par l'ardeur de leurs prieres , la conversion du Roy des Saracins *Zelabuzeyt,* leur meurtrier, la quelle ils luy prophetizerent ; & leur Prophetie se verifia l'an 1238. car le Roy assistant au sacrifice de la Messe , celebré par le Prestre *Genesius* , la croix manqua sur l'autel , mais les Anges la porterent en presence de toute l'assistance : la quelle croix fut depuis nommée la Croix de *Caravaca* , le mesme Roy vit par les merites des Martyrs en la S. Hostie un petit enfant, lequel
con-

considerant ces merveilles , & se re-
souvenant de la Predication des SS.
Martyres , embrassa la foy Catholique, & en recognoissance d'un si rare benefice, changea son Palais en un
Convent pour l'Ordre Seraphique.
Deplus les habitans de l'Isle de *Cor-*
sique, estant sur le point d'abandonné la foy Catholique, sont ramenéz
par les enfans de *S. François* : les mesmes purgerent la *France*, & la *Flandre*,
infectées des heresies des *Puritans*, &
des *Begarines*: ceux de *Bosnie* , *Bulga-*
rie, *Dalmatie*, *Prusse* , *d'Illirie* , retom-
bez en leurs anciennes heresies , furent aussi redresséz par les Peres du
mesme Ordre. *Rudolph. lib.* 2. *Seraph.*
Rel. parlant de *Lituanie* , dit : Nous a-
vons veu en nostre temps , que les
Freres Mineurs ont converti *Vlatislaus*
VVitolde, grand Idolatre, qui receut
le Baptesme , & par ces Provinces
fit bastir plusieurs Cloistres. Le Roy
d'Hongrie ayant conquesté plusieurs
pays,

pays, tacha pareillement de conque-
ster des ames; & sachant que les Freres Mineurs estoient les Maistres en
cet office, y en envoya huict, l'an
1366. qui conquesterent en l'espace
de huict jours, plus de deux-cent
mille ames. Soubs le Regne du Pape *Gregoire* XII. l'an 1371. comme
raport *Arlon. Hist. trip. tit.* 24. Les
Freres Mineurs employerent toute
leur industrie, à convertir des schismatiques de *Rußie.* Le Pape y depe-
cha 30 autres Religieux du mesme
Ordre, & octroya aux autres le pouvoir d'aller travailler à cette œuvre
si pieuse. L'an 1375. les Freres de
S. François s'occuperent totalement
à l'extirpation des schismes, & des
heresies, qui gastoient la *Bosnie,
Hungarie, Rußie*, & la *Corsique.* L'an
1421. ils ramenerent à leur devoir les
schismatiques de la *Prodolie*, de la
petite *VValachie*, & de la *Rußie* : pour
le mesme sujet ils traverserent aussi
                                    plu-

plusieurs Provinces de la *Grece*, l'an
1414. L'an 1426. le bien-heureu Pere *Iean Capistran*, & plusieurs autres
Peres du mesme Ordre, s'opposerét
genereusement contre les heretiques, vulgairement nommez *Fratri-*
celli. D'autrepart les peines des Religieux de cet Ordre Seraphique ne
furent pas moins grandes, en l'an
1439. durant le Concile de *Florençe*,
pour reunir entierement les scismatiques de la *Grece*, & de l'*Armenie.*
Ces mesmes Religieux ne pargne-
rent pas aussi leurs sueurs. En l'an
1446. dans la *Bosnie*, *Hungarie*, *Molda-*
vie, *Valachie*, *Bollachie*, & *Bulgaire*, *Ruf-*
sie, & *Sclavonie.* En l'an 1447. en *Al-*
banie, & *Schytie.* Le bien-heureu
Iean Capistran, reussit mervelieuse-
ment en la deuxiesme Ambassade,
qu'il fit par Ordre du Pape *Nicolas*
V. l'an 145. En *Alemaigne*, *Hongrie*,
Boloigne, & principalement en *Bohe-*
me, contre les *Hußites*, secte merveil-
leu-

leuſement envenimée, des quels 4000
Preſtres abjurerent les erreurs de *Ian
Hus*, en ſa preſence. Le meſme ſucces l'accompaigna en la converſion
des *Thaborites*, *VViclefiſtes*, *Iocobelliens*,
Adamites, *&c.* Et pour emporter la
Victoire entiere, de toutes ces here-
fies dans un pays ſi infecté, & ſi ample. Le Pape *Pie* V. eſtant legitimement informé du fruict incroyable,
faict par les Freres Mineurs en *Iſtrie*,
Croatie, *Corbonie*, *Sclavonie*, *Boſnie*, *&*
Rußie, ordonna l'an 1459. un ſupe-
rieur particulier, pour les Peres, qui
travailloient pour la foy, en ces Royaumes, auquel il donna pouvoir ab-
ſolut de congreger touts autant de
freres qu'il luy ſembleroit neceſſaire
pour cultiver la foy.

§. VI.

§. VI.

Poursuite du mesme sujet.

LEs glorieux travaux des Freres Mineurs aux Allemaignes, ne furent pas moins admirables, ny moins efficaces. L'illustrissime Archevesque de *Cambray*, P. *Ioseph Bergaigne* le raporte au livre qu'il a composé, intitulé *la Lanterne de la foy*; livre de grande authorité, tant pour l'Autheur, que pour les tesmoignages legitimes de l'Empereur, Electeurs, Princes, & Villes de l'Empire. Le grand Prelat dit, entre autres, ces mesmes parolles : L'Ordre Seraphique, à travaillé dés son berceau aux *Allemaignes*, & s'est opposé depuis aux heresies de Luther, & par ces livres solides, & Predications zeleuses, des principaux, desquels voycy les noms: P. *Iean de Daventer*, P. *Antoin à Conigstein*, P. *Henry Herborn*, P. *Iean Hale-*

Haletus, P. *Henry Holmestus*, P. *Henry Regius*, P. *Conrard Clingius*, P. *Gaspar Schategier*, P. *Ioan. Ferus*, F. *Ioannes Cranendonck*, P. *Ioan. Naso*, & plusieurs autres : Et en nos siecles, Dieu à suscité des hommes edificateurs, & tres-puissans promulgateurs de la parole Divine, qui l'ont si bien cultivée en *Allemaigne*, par œuvres, & paroles ; qu'ils ont empesché le progrez des heresies du *Palatinat*, & les ont renduës infructueuses. Cet Ordre Seraphique ayant etendu ces branches par tout ce pays, & converti les habitans à la foy Catholique. Ce mesme Ordre s'est multiplie en la basse *Saxe*, & fit sa demeure en *Halberstat*, *Osnaburg*, *Minden*, *Verdee*, *Gotslaer*, *Sadthaghen*, *Hamel*, *Boexstenheude*, *Ascheleken*, *Staden*. La mesme Religion s'est estendu jusques en *During*, & *Hesse*. Le mesme Archevesque de *Cambray*, poursuit en son livre, à raconter le profit
spiri-

spirituel des Religieux de *S. François*
en *Hollãde*,& dit;I ay leu depuis peu
le Regiftre des PP. N.N.qui m'at a-
pris,qu'un Pere du dit Ordre depuis
l'an 1611. qu'il eftoit venu en *Hollande*,jufques à l'an1620.y avoit ba-
ptife 703. enfans , & converti 187.
heretiques , & affifté en qualite de
Minifter de la S. Eglife à 266. ma-
riages, & que au temps de la grande contagion , qui fut à *Amfterdam*,
il avoit fervi les peftiferez en la fe-
xiefme partie de la Ville,outre 309.
maifons en differentes rues , def-
quelles deux des Faubourg eftoint
peuplées de 842 ames,aufquels il di-
ftribua la Communion Pafchale.
Tout ce raport eft authorifé du No-
taire publicque.Si maintenant quelque maiftreArithmetique veut mul-
tiplierllc profit, que les Freres Mineurs font au monde, prenant feulement pour regle cette action *d'Hollande*, je me perfuade qu'il ne trou-

vera pas de nombres suffisans pour
en exprimer la quantité innumera-
ble. Les Religieux de *S. Fraçois* pourroient eternifer leur mémoire par
les actions heroiques, qu'il ont faittes
en *Engleterre*, *Escoffe*, & *Irlande*. Pit-
ſæus dit, qu'ils ont eſté les premiers
qui ſe ſont propoſéz contre *VVicleff*,
ce renomé heretique, & condamné
en l'Vniverſité *d'Oxon*. Des meſmes
Religieux fut choyſi le R.P. *Guillau-*
me VVodford, en la cögregation de *Lon-*
dre, pour refuter les erreurs de *Brou-*
lo, VVicleff, comme il fit, faiſant évi-
dament eſclater, en cet employ, &
ſon eſprit, & ſa ſcience. Ces Franciſcains par les teſmoignage des *Annali-*
ſtes heretiques, & du P. *Perſonius lib.*
1. *de* 3. *Conv. Angli. cap.* 12. ont rem-
porté beaucoup de gloire, en repren-
nant publiquement *Henry* VIII. en-
ragé contre l'Egliſe Catholique.
L'Eſpaigne, & *l'Italie*, recognoiſſent
juſques aujourd'huy les travaux des
Peres

Peres de cet Ordre , & en fin toute l'Europe , le 400 Martyrs , qui ont genereusement repandu leur sang, pour la conversion des heretiques, pour la reduction des scismatiques, & l'ecclairsissement des pecheurs en divers Royaumes, & Provinces ; se glorifie des 11. Martyrs de *Gorcom*, & de 30. autres ; par les quels ils prouvent suffisament les travaux & les fruits de ces Peres dedans *l'Europe*, aussibien au siecle present, qu'au siecle passé.

II. CHAP.

Des Freres Mineurs Illustres en *Europe*.

§. I.

De ceux qui ont esté esléux à la Papauté.

LA Religion du Patriarche des pauvres Euangeliques a esté fort fertile, en hommes doüez des qualitez eminentes , depuis sa naissance ;

B 2   la

la plus part ayant merité l'honneur
d'eftre l'appuy d'une partie, & pref-
que des toute l'Eglife. Le premier
qui fut choyfi de l'Ordre de S. *Fran-*
çois, pour appayer l'Eglife en fa naif-
fance, fut *Vice-Dominus de Placentie*,
Iurift tres-celebre, lequel renoncant
au monde, fe rangea foubs l'Eftan-
dart du pauvre *S. François*, ces merites
donnant dans la veüe du monde; fut
elevé à la dignité Archiepifcopale
d *Aix* l'an 1257. & l'an 1237. *Gregoi-*
re X. fon oncle, le crea Cardinal, &
Evefque de *Prenefte*, & apres le trefpas d'*Adrien* V. fut avance à la premiere dignité du monde, c'eft le raport d *Andre Victorelle*, qui dit, *in ad-*
dit. ad Ciaconium, outre *Adrien* V. qui
poffeda peu des jours la dignité fou-
veraine de l'Eglife. I en trouve un
autre du quel on faict peu de mention; & qui fut neantmoins Pape de
Rome. Les manufcripts de *Plaifance*
raportent un Pape de la noble famille
de *Vice-Domini*, qui mourut le mefme
jour

jour de son electiõ,voicy les paroles
du manuscript : Il y a en la Ville de
Plaisãce les *Vice-Domini* noble famille,qui at esté honoré d'un Pape de
Rome, mais ne vesquit qu'un jour
en son Pontificat , & morut Frere
Mineur *Pere Maria Campus*, sçavant
Annaliste, Chanoine de *Plaisance* , est
du mesme sentiment , accompaigné
d'un grand nombre d'Historiens de
l'Ordre de S. *François*,qui mettent à
bon droit ce grand hõme parmy les
Papes,encore qu'il ne fut qu'un jour,
puis que la dignité faict les Papes, &
non pas le temps qu'ils la possedent,
cõme dit *Ciacon.* parlant *d'Estienne* II.
Le II.Pape Fr.Min. a esté *Nicol.* IV.
lequel devant sa promotion, avoit le
nom de *Hierome ab Asculo* , natif de
Pise,grand Philosophe , & profonde
Theologien, eloquent Predicateur,
renommé par tout, tant pour sa subs-
tilité que pour son grand esprit,& sa
vie toute remplie de pureté. C'est ce
grand homme,dont nous avons par-

lé,

lé, deputé avec trois autres du mefme ordre , du corps de la S. Eglife,
aſſemblé à *Lion* , comme Nonçe du
Pape *Gregoire* X. vers l'Empereur
de *Conſtantinople* , *Michel* P*aleologe*,
qu'il rangea à l'Obeiſſance du S. Siege. Ces freres par frequentations
continuelles cognoiſant ces merites,
le firent Miniſtre General de l'Ordre l'an 1274. Depuis *Nicolas* III. luy
donna le chapeau du Cardinal , & la
Congregation des Cardinaux la mi-
tre Pontificale. *Hierome Plate* , Pre-
ſtre de la Societé de Iesv, dit, *lib. 2.*
c. 28. de bono ſtatu Relig. qu'il s'ac-
quita tres-bien de la charge, & fut
grand amateur de la vertu, tellement
que perſonne , ny meſmes ſes pro-
ches parans, ne pouvoint eſperer aucun avancement, ny au dignitez Civiles , ny Eccleſiaſtiques , ſi non par
l'unique moyen des merites ; il s'eſt
fort employé à extirper les hereſies,
& les *Zizanies* de la diſcorde, ſemées
                        entre

entre les Princes, il fit peu d'estat des honneurs, car il estoit accoutumé de dire, estant Cardinal, qu'il aymeroit plustost estre Cuisinier des Freres, que Cardinal de Rome : il trespassa l'an 1292.

Le troisieme souverain Pontife que l'Ordre Seraphique donna à la S. Eglise, fut *Alexander* V. devant son Pontificat nommé le P. *Piere Philaretus*, natif de *Bolonie*, lequel s'estant rendu Religieux de S. *François*, alla puis apres estudier en Theologie, dans l'Vniversite de *Paris*, dans laquelle il se rendit si bon Maistre, & en si peu de temps, qu'il y fut honoré de la qualite de Docteur, & depuis glossa doctement les Livres des *Sentences*: sa grace fut rare en chaire, & ces belles qualitez le firent monter à l'Evesche de *Vicellin*, & de *Novaire*, & depuis à celuy de *Milan*. Le Pape *Gregoire* voulant avec ce grand homme partager sa charge, luy envo-

ya le chappeau rouge, mais peu de
temps depuis roula toute la charge
sur ses espaules, estant faict Pasteur
Vniversel de toutes les brebis mar-
quées du caractere du S. Baptesme,
& ce n'est pas sans raison qu'il se fit
nommer *Alexander*, puis qu'il egala
Alexander le Grand, en liberalité, &
magnanimité Royale ; sa liberalité
fut si grande, qu'il distribua toute
sa substance aux pauvres, tellement
qu'il disoit, qu'il avoit esté riche E-
vesque, pauvre Cardinal, & Pape
mendiant : il changa ceste vie pour
celle du Ciel l'an 1410. le 8. mois de
sa dignité Papale. L'Ordre de S.
François produit l'an 1471, le qua-
triéme Pape *Sixte* IV. auparavant
fort celebre soubs le nom du Pere
François à Ruere. Sa Mere estant encore de luy enceinte, vit en songe
que S. *François*, & S. *Antoine à Padua*,
donnoient à son enfant l'habit de
l'Ordre, devant qui fut au monde.
                                    Depuis

Depuis estant reellement vestu de l'habit de *S. François*, passa de degré en degré, de Liseur en Theologie, Provincial, de Provincial, Procureur General de la Cour de *Rome*, de Procureur General, Vicaire General, de Vicaire General, Ministre General, de Ministre General, Cardinal, de Cardinal, Pape de *Rome*. *Platine* dit à son honneur, qu'il estoit eminent en ces actions, & en esprit cultivé de toutes sciences, & qu'il est arrivé à la cime des sciences, tant Politiques, que Theologiques, surpassant tout les scavans *d'Italie*, pays pourtant fort fertil en esprits prodigieux : il ne faut autre preuve, que celle de ses escrits, sa vertu ne cedoit pas à sa Doctrine, ny à sa dignité Papale, sachant prudemment dissimuler les infirmitez humaines, se fit le Pere des pauvres, tuteur des Religieux, & grand zelateur de la Iustice. La Royne de *Bosnie*,

nie, & les enfans de l'Empereur *Pa-*
leologe furent chaſſéz en ſon temps
par les Turcs de leurs Empires, cer-
chans quelque port aſſeuré, entre les
bras de ce Pape charitable. Son eſprit
vif ne s'employa pas ſeulement aux
affaires neceſſaires, & importantes,
mais auſſi, à ce qui eſtoit recreatif,
& commode. Il eriga des Hoſpi-
taux à Rome, baſtit des Egliſes, dont
la principale eſt, de S. *Marie de la*
paix, baſtimét ſomptueux, & magnifique, qu'il fit edifier, en recognoiſſance de la paix. *d'Italie,* qu'il avoit
obtenu par ſon interceſſion, il fit renouveller les rampars de *Rome,* paver
une bonne partie de la Ville, tirer
le pont ſur le *Tibre,* œuvre qu'un
chacun admire, & pour la ſumptuo-
ſité & rarité d'edifice. *Platine* dit,
que ce Pape merite le nom du ſe-
cond Romule, ou Fondateur de Rome, en conſideration de toutes ces
œuvres admirables, dont il fit embe-
lir

lir ceste Ville.Mais ce qui surpasse le tout , & pour la beauté , & l'utilité Vniverselle , c'est qu'il fist bastir la Bibliotheque du Vaticā.Et y ramaſſa de tout l'*Europe* , une grandiſſime quantité des Livres Grecs,Hebreux, Latins, & autres : il p aſſa du monde l'an 1484.

Felix Peretus,fut le Vme Pape,lequel estant promeu à l'Estat de nom,& ſe fit appeller *Sixte* V .C'est homme Illuſtre fit des merveilles aux eſtudes, parmy ſes Confreres , Freres Mineurs, faiſant valoir ſon talent en Theologie, & la Rethorique, qualitez qu'le renomerent pour le plus celebre de ſon ſiecle , ces parolles eſtoint ſi efficaces qu'elles fayſoient touſiours pour le plus ſouvent quelques effects admirables , comme de convertir quelques pecheurs obſtinéz, quelque pechereſſe effrontée, quelque debauchéz ou lubriques. Ce Pere Venerable s'eſtant ſignalé en

plu-

plusieurs offices, & charges de son
Ordre, fut elevé à l'Episcopale, appellé Evesque de S. *Agate*, & depuis
au Cardinalat, en l an 1585. à la Papauté, c'est alors qui fit paroistre sa
dexterité exterminant les banites
d *Italie*, pacificant le pays si divisé,
& evitant par sa prevoyance l'extre-
me disette, dont *l'Italie* estoit evidamment menacé. Il estoit amateur
des sages, mais ennemy juré des heretiques, il fit eriger l Imprimerie du
Vatican, proche la Bibliotheque de
Sixte IV. pour y faire imprimer les
œuvres des Saincts Peres de l Eglise: il embellit la Ville de *Rome*, & par
des battiments superbes, des chemins
publiques, Fontaines, & fossez, tellement, qu'on ne luy peut disputer
le titre que *Platine* attribue à *Sixte*
IV. il finit ces jours l an 1590.

§. II.

§. II.

Des Cardinaux, Archevesques, &c. Empereurs, Roys, & autres personages Eminents de l'Ordre de S. François.

LE nombre des Cardinaux de l'Ordre Seraphiq se multiplie jusques à 57. celluy des Patriarches à 27. des Archevesques à 129. des Evesques 590. des Legats ou Ambassadeurs envoyez par les Empereurs & Roys 290. *Sixte* de *Seine in firm. trium. Ord.* dit, que deux Empereurs de *Constantinople* quittant les pompes mondaines, se sont rendus enfans du Pere S. *François.* Le premier *Iean Brenna,* duquel dit *Platine l. 2. cap.* 26. que voyant en ces prieres, que S. *François* luy offrit l'habit de son Ordre, fit aussi tost appeller son Confesseur, du quel il demanda l'habit, l'obtient, & le porta tout le

reste

reſte de ſa vie. Le deuxieme Empereur de *Conſtantinople* , qui ſe rendit
ſoubs la Regle de S. *François*, eſt *Xer-*
xes. Les hiſtoires font mention de
deux centz Roys , qui quitterent la
dignité Royale , pour ſe rendre
humbles enfans du Patriarche des
pauvres. Les principaux, ſont *Henry*
Roy de *Cypres*, qui complant pluſieurs années, dans l'auſterité de cet
Ordre, a merité d'eſclater en Miracles. Le bienheureux *Iean* Roy *d'Ar-*
menie devant ſon entré en l'Ordre,
s'appelloit *Hayto*, quitta ſon Royaume fort ample & riche (car il avoit
ſoubs luy 24. Roys tributaires) à
ſon nepveu *Leon* , & perſevera long
temps en la Regle Seraphique, mais
ſachant, que les Turques venoient
fondre ſur *l'Armenie*, & que ſon heritier eſtoit peu experimété en guerre, couvrit ſon habit religieux des armes militaires, ſe mit en campaigne
à la teſte de l'armée, donna la bataille,

le, & deroute à ces adversaires, les
chassa totalement de son Royaume,
mais fut depuis tué en bataille, & son
corps transporté en *Aquitaine*, selon
Volateran. l. 21. & y est renommé par
ces miracles.

Plusieurs des enfans des Roys, au
mespris des corones, ont embrassez
la pauvreté de l'Ordre. Le premier
fut le biëheureux *Iacques* filz du Roy
de *Majorique*; heretier legitime de la
Couronne, il edifia merveillement
son prochain par sa vie exemplaire,
& ses predications zeleuses. Le deu-
siesme *S. Louis* fils aisné de *Charles*
Roy de *Sicille*, sa naissance luy bailla
le droit à un grand Royaume, durant la vie de son Pere, & apres son
trespas la possession pacifique, non
obstant mettoit soubs les pieds, &
droit, & possession, Couronne, &
sceptre, Royaume, & tout le monde
terrestre, pour plus facilement avoi-
siner le Royaume Celeste, il demande

de ardemment l'habit de l'Ordre,
mais remarquant, que le Superieur
faisoit difficulté d'avoider sa demande, & craignant, ou plutost res-
pectant le Roy son Pere, affermit sa
resolution, par les promesses solem-
nelles, tellement que *Boniface* VIII.
ne le pouvoit jamais persuader d'accepter l'Archevesché de *Tolose*,
si non apres avoir satisfaict à ses
promesses, de se rendre de l'Ordre
Seraphique, ce que fit en presence
d'un grand nombre de gentilshom-
mes, qui se trouverent à ce spectacle
si edificatif. Il partit du monde l'an
1297. le 19. d'Aoust, & fut Cano-
nizé l'an 1316. ut tel exemple est ra-
rement sans suite; aussi le Cousin de
S. Louis le bienheureux *Piere* fils du
Roy *d'Arragon* le suivit l'an 1357.
Ce *Piere d'Arragon* esbranlé en sa resolution de se rendre Ecclesiastique,
fut côfirmé par *S. Louis* accompaigné
de quelques Religieus du meme Ordre,

dre, qui perſuaderent ceſt eſtat ſi
puiſſamment au jeune Prince, qu'il
determina de vivre, & mourir en
l'Ordre Seraphique, comme il fit,
menant une vie fort exemplaire, &
s'employant 22. ans à procurer le
ſalut des ames. l'Ordre des Freres
Mineurs cognoit un Archiduc pour
fils legitime, 7. Princes, 20. Ducques, 24. Marquis, 83. Comtes, &
beaucoup d'enfans de tels Seigneurs,
ne ſe trouvant pas une Province,
dont cet Ordre ne fuſt renommé
par quelques perſonnes des plus Illuſtres familles. Particulierement
la Province du Pays bas, par les enfans de la noble famille de *Croy*, de
Horne, Anholt, avec pluſieurs autres, &
juſques au jourd'huy l'Ordre Seraphique poſſede des fils de Ducques,
& des Princes d'Empire, qui prote-
ſtent que le pauvre Ordre de *S. François* a plus contribué à leur honneur,
qu'eux meſmes à l'honneur de ce
ſainct Ordre. §. III.

§. III.

Des Docteurs en Theologie de l'Ordre de S. François.

C'Eſt vrayement à l'eſcole Sera-phique, qu'on peut attribuer cet excellent titre, de la ſource des ſciences ; les *Thomiſtes* entitrent leur Maiſtre le Docteur Angelique, les *Scotiſtes* le Docteur ſubtil, les *Nominales*, le Prince de leur Doctrine ; le R.P. *Guillaume Okam.* Les Docteurs modernes ſe raportent tous à une de ſes eſcoles, ſoit *Thomiſtes*, *Scotiſtes*, ou *Nominales*, ou *Melangez*, quels qui ſoient, recognoiſſent ingenument, qu'ils ont obligation à cet Ordre, ſi fertil en ſciences. *S. Antonin.* 3.*p.cap.* 8. §. 2. dit que depuis la naiſſance de cet Ordre, en tout les temps les Docteurs y ont eſtez en nombre aſ-ſé conſiderable, les excellentes Predicateurs ny ont pas manquez, & les

ſub-

ſubtils Philoſophes y ont eſté en a-
bondance. Il n'y a que cent ans, que
Sixte de Seine compoſa les *Annales*,
par ou il raporte 90 Docteurs de
l'Ordre de S. *François*, & tous eſcri-
vains tres-doctes, & profitables ſur
le livre des Sentences, & depuis ſon
temps un grand nombre s'eſt appli-
qué au meſme exercice. Le premier
Docteur de ceſt Ordre, eſt le R.Pe-
re *Alexandre de Hales*, *Sixte de Seine*
dit, qu'il s'acquit une telle reputa-
tion par ſa Doctrine, qu'il fut nommé le plus ſcavant du ſiecle, & la
fontaine de vie. Peſez auſſi le teſ-
moinage de *Garſon*, grand Docteur
& Chancelier de Paris, *in Epiſt. de
laud. S. Bonav.* la fertilité de la Doctrine (dit il) *d'Alexandre de Hales*, eſt
inexplicable, l'on dit, que S. *Thomas*
eſtoit interrogé, quelle forme d'eſtude, en Theologie eſtoit la meilleure, reſpondit s'exercer en un ſeul
Docteur, & demandant en quel Docteur,

cteur, respondit, en *Alexandre de Ha-*
les. Il escrivit la somme Theologique, par commandement *d'Innocent*
IV. en telle forme dit *Possevinus,* que
personne, n'avoit trouvé devant luy
la signature de 70 Docteurs en
Theologie , & les Bulles *d'Alexandre*
IV. authorisent sa somme , pour lequel subjet il fut appellé le Docteur
irrefragable , il glossa toute la saincte Escriture , & composa plusieurs
livres tres-celebres. *Bzovius* de l'Ordre de *S. Dominique ad an.* 1250. fait
grande estime de nostre *Alexandre*
de Hales, pour les deux excellents disciples, sortis de son escole, à scavoir
S. Bonaventure , & *S. Thomas,* l'un Seraphique, l'autre Angelique. Le Cardinal *Bellarmin* confesse, que ce Docteur dont nous parlons fut maistre
de ces deux lumieres de l'Eglise,
Possevinus n'en doubte pas , & plusieurs autres, le tiennent pour asseuré ; ce n'est donc pas sans raison,
qu'on

qu'on l'appelle Docteur des Docteurs, puis qu'il est le maistre des
deux plus illustres Docteurs de l'E-
glise. Le Chancelier *Gerson* dit, que
les escrits de S. *Thomas* manifestent
la familiarité, qu'il avoit avec son
illustre *Alexandre*, (il entend parler
de la somme des vertus d'*Alexandre
de Hales*) depuis que S. *Thomas* la
met, de mot à mot en sa 2. seconde
piece principale du Docteur Angelique. *VVadinghe* en traitté plus amplement dans l'année 1245. l'an
du trespas de ce grand homme.

De quel costé qu'on pren S. *Bonaventure*, il est admirable, du costé de
sa saincteté, elle est Seraphiq, du
costé de son humeur, elle est Angelique. *Alexandre de Hales* en disoit de
son temps, qu'il semble que Adam
n'eust pas peché en cest homme, sa
dignité fut eminente, & du costé de
sa Doctrine, elle est si subtile, qu'on
n'en veut juger, que par ses œuvres.

Le

Le grand *Bonaventure* exposa la S.
Escriture, commentant tres-docte-
ment sur les IV. Livres des *Sentences*,tellemét que S.*Antonin* dit,que ce
Docteur est aussi excellent en saincteté, qu'en Doctrine. *Gerson* mesme avance hardiment en ses escrits,
des grandes loüanges pour S. *Bonaventure, lib. de laud. Doct. S. Bonav. 22.*
Les relevez escrits de S. *Bonaventure*
(dit il) rendent, & feu, & lumiere;
feu de devotion, lumiere de science: *& lib. leg. con. 5. p. 2.* dit, je ne
scay si jamais l'Vniversité de *Paris*,
a esté honoré d'un tel Docteur : &
au mesme traitte, je ne scay, s'il ne
faut pas dire, que *Bonaventure* est le
principal entre les Docteurs Catholiques, puis qu'il produit deux effects si admirables, l'un d'esclarcir
les esprits, & l'autre est enflâmer les
ames. Ce grand Docteur a composé 300 traittez, qui selon *Trithemius*,
ont la vertu secrete, encore qu'on y
pense

pense pas , d'embraser le lecteur , &
l'exciter au cœurs quelque devotion
savoreuse. Plusieurs bons autheurs,
considerants les hautes qualitez de
S. *Bonaventure* , n'ont pas faict difficulté de dire qu'il est, entre les Docteurs, ce qu'est l'Aigle parmy les
oseaux. Escoutez le sentiment du devot *Gerson* , encore dit il , qu'il y at
des Docteurs, qu'on appelle Cheru-
bins, S. *Bonaventure* pourtant les ex-
cede, puis qu'il est vrayement Cherubin, & Seraphin , tout ensemble.
Cherubin pour l'entendement qu'il
esclaire ; & Seraphin pour la volonté qu'il enflamme. *Sixte* V. fit tant
d'estat de sa Doctrine , qu'il érigea à
Rome, proche de l'Eglise des Apo-
stres, un beau Collège, pour y enseigner, la seule Doctrine de S. *Bona-*
venture. Il quitta ce monde l'an
1274. Sa teste source de la Seraphique science, fut trouvé 160 ans
après son enterrement , aussi entier,
qu'elle

qu elle estoit le premier jour de son trespas.

Le R. P. *Iean Duns, Scote*, vint au monde l'an 1275. Le R. Pere *Huge de Cavello*, se fundant en la tradition commune, dit qu'en sa jeunesse, il estoit stupide, & d'esprit grossier couvert des tenebres, mais la Vierge qu'il reveroit pour sa Mere, esclarcit son entendlement, & depuis il l'applica tout son industrie, à l'honneur de sa maitresse, pour une faveur tant signalés. *Granado*, & plusieurs autres Autheurs de merite, raportent, qu'il a esté le premier, qui enseigna publiquement la Conception immaculée de la Vierge. *Scotus* se ranga du party affirmatif, l'on procede à une dispute publique. *Scotus* y preside, 200 Docteurs attacquent ce *Hercule* en science, chacun proposant un argument estudié, pour establir le negatif, & renverser la devote, & veritable sentence du Prince de la Theologie,

logie, il presta ces oreilles à ce de-
luge des arguments, sans perdre rien
qui soit de sa tranquillité ordinaire,
les enferma en sa memoire, les repe-
ta depuis par ordre, satisfaisant l'un
apres l'autre, de sur plus fortifiant
ses raisonnements par des sentences,
& des authoritez tres-solides.

Matthieu Ferchius, & *Iean de l'Incar-
nation,* en la vie de *Scote,* adjoustent,
que le Docteur subtil plia devote-
ment les genoux devant la statue de
la Vierge, implorant son secours,
allant en classe, pour y establir son
sentiment de la Conception immaculée de la Mere de Dieu, la statue
de pierre, inclinant la reste, luy pro-
mit secours infallible. La statue pu-
blie jusques au jourd'huy ce grand
miracle, puis que la teste demeure
bassée contre les regles de la scul-
pture, mon garand, est le R. Pere
Luc VVadinghe ad annum 1304. Ceste
Victoire tant admirable du subtil
C   Docteur

Docteur occasiona , le devot decret
de la Celebre Vniversité de *Paris*,
qui declare tous ceux incapables
aux degrez , qui ne se voudront pas
obliger par serment , de defendre
la Conception immaculée de la plus
avantagée entre les femmes, & de sur
plus, commande de celebrer tous les
ans, en memoire du grand privilege
de la Vierge , une Feste particuliere.
La pence commune, est, qu'il fut Docteur en Theologie , à l'aage de 24.
ans,& monta la premier chaire de la
fameuse Vniversité d'*Oxon* en *Angle-*
terre, s'y faisant depuis admirer comme un esprit prodigieux dedans *Pa-*
ris, l'Athene de la *France*. La Ville
de *Coloigne* reçoit ensuitte nostre
Docteur , comme le second *Apollon*,
le revere comme Fundateur, l'escou-
té comme une Bibliotheque vivante, & remplie de toute Doctrine. La
mesme Vniversité par le consente-
ment, & l'applaudisement des sages,
l'honora

l'honora du titre de Docteur subtil.
Iovius traittant de *Scote*, dit qu'il
surpasse tous les Religieux en subti-
lité d'esprit. *Ambroise Catharinus* dit,
que celluy qui ne void pas l'honneur
que *Scote* possedé en la S. Eglise, est
comme le malitieux *Hibou*, qui hait
la lumiere. Il penetra par la vivacité
de son esprit toutes les sciences humaines, il examina celle de S. *Thomas*, mais se serrant tousjours entre
les bornes de la modestie, car selon
Possenius, il n'avance jamais son opi-
nion particuliere au mespris de la
contraire, preuve suffisante, qu'il a-
voit participé sa Doctrine de Dieu
mesme, seul autheur des sciences, la
marque de *Possenius* est de conse-
quence, à scavoir que la Doctrine de
Scote, par trois siecles, parmy tant
de Concils, demeure sans tache, &
censure; car jusques à maintenant
par une de ces sentences elle n'est
censurée, ou reprouvée de la S. Egli-

se. La verité de sa Doctrine a faict
ordonner la sacree Congregation des
Cardinaux, & à un maistre du Palais,
d approuver toutes sentences, quand
il sera legitimement informé quelles sont du *Scote*, Docteur solide , &
veritable, & alors les faire imprimer.
Personne n ignore, dit *Leßius in cens.
comen. Oxonien.* que *Scote* ne soit la
pierre qui subtilisé les esprits, & la
lime de la Theologie, que sa Doctrine n estoit pas venteuse , puis qu'il
la maria à la vertu , & l appuya sur
le base de l edifice spirituel, l humilité Chrestienne, la pauvreté Euangelique l accompaigna par tout , on
la lisoit en ses habits , & ses actions,
& ses parolles , l habit estoit de drap
grossier , le quel il ne quitta jamais,
qu apres l avoir plusieurs fois faict
racommoder , faisant mettre piece
sur piece , & que la necessité ne le
contraignist d en prendre un autre;
il alla à pieds nuds de *Paris* en *Engleterre,*

terre, & trouvant pluſieurs lieux, cu
les Religieux de ſon Ordre n'avoint
pas de demeure, le vray zelateur de
la pauvreté Euangelique, demandoit
humblement, & à loger, & à vivre.
Grand merveille dit *Iean Major in 4.
ſent. d. 38. q. 11.* que cet homme ſi
cognu, & ſi ſcavant, & digne meſme
du Pontificat de *Rome*, s'abbeſſa ſi
profondement, que de demander
des aumoſnes. *Guilliame de Vorilo in
4. ſent. diſt. 44. q. 1. & Ferchius lib.
1. in Apoc. in male.* exaltent fort rai-
ſonnablement l'obeiſſance, de cet
Oracle en Theologie. Le Miniſtre
General le commanda d'aller à *Coloigne*, ſi toſt, qu'il reçoit ces Ordres,
il les execute, meſme ſe trouvant au
champs, ſans retourner à *Paris*, &
donner l'adieu à ſes Confreres. Ses
prieres eſtoint ferventes, ſa contem-
plation extatique, il ne faut que ſeuſl-
letter ſes livres, & on confeſſera, que
ſa devotion eſtoit tres-grande, puis
qu'il

qu'il finit tousjours par quelque o-
raison devote, non pas seulement
les matieres difficiles, mais aussi les
petits traittez, & les matieres assez
communes. Dieu remunerateur de la
vertu, fit selon *VVadinge* l'an 1306. &
les autheurs métionez, un faveur particulier à son affectioné serviteur
Scote, car la nuict de *Noël*, contem-
plant le mystere ineffable de l'Incar-
nation du Verbe, I. C. s'apparut à
luy en forme de petit enfant, le ca-
ressant, & migniardant d'une ten-
dresse incroyable, certes je ne m'e-
stonne pas que le fils caresse celuy,
qui s'est tousjours, & en toute occasion monstré le grand zelateur de
l'honneur de sa Mere. *Dermichius*
Thadei, *VVadinge*, & d'autres, disent,
que la joüissance de ceste grace celeste, enflamma le subtil Docteur à
une perfection plus sublime, car de
lors il quitta ces sandales, ne mar-
cha que les plantes nués par terre, ne
manga

manga plus de viande, & couvrit
sa nudité de la robbe, la plus abje-
&e, qu il pouvoit trouver parmy les
Freres, & continua ceste austerité
jusques à la fin de sa vie. Ie ne puis
passer un traict remarquable, estimé
de plusieurs Autheurs considerables.
Ferchius in vita Scoti, *André Thevet de*
Viris Illust. Surius ad an. 1509. *Trithe-*
mius ad annum 1509. qui disent, que
plusieurs se banderent contre la Cõ-
ception Immaculée de la Vierge au
mesme temps l'an 1509. Les Religieux de l Ordre de *S. François,* firent
deterrer les os du Docteur subtil, on
les trouva vermeils ou rouges, blancs
aux joinctures, comme enrousez de
laict, & exalerent un odeur fort ag-
greable, sans doubte que le vermeil
de ces os, declaroient l'ardeur ze-
leuse de ce grand Docteur, pour la
defence de sa Doctrine, la blancheur
aux joinctures, monstroit la lieson
de ses arguments, qui preuvent la

C 4 Con-

Conception Immaculée, la bonne
odeur fignifioit l'aggreement de ceste saincte sentence aux ames devo-
tes. Le R. P. *Ildephonse Brifeno in vita Scoti* dit tres bien au mal difant,
quand on remue la cause de *Marie*,
paroissent les os du *Docteur fubtil*, de
couleur de feu comme animez au
combat, paroissent odoriferans, &
comme arousez de laict. La blancheur, & la rougeur, expriment la
marque, de celuy qui est blanc, &
rougastre. I. C. l'espous de la S. E-
glife, desquelles il a voulu avantager
fon fidel gendarme, qui employa les
principaux pointes de fon esprit,
pour la defence de fa Mere, & principalement, quand pour fon subjet,
ces os furent mis en evidéce: devant
que conclure les loüanges du subtil
Scote, je ne puis passer, ce que nostre
Annaliste *VVadinghe tomo 3.* raporte,
qui dit: Ie fuis asseuré, que plusieurs
personnes, font portées par devotion
par-

particuliere à implorer *Scote*, comme advocat en leurs miseres, & principalement au Royaume de *Naples*, auquel j'ay donné l'Histoire de sa vie, & raportent, qu'elles trouvent des secours, & soulagements en leurs necessitez, & maladies, j ay veu plusieurs beaux tesmoignages autentiques des Notaires publiques, qui publient les hautes merites du subtil Docteur, puis qu'ils tesmoignent, que plusieurs personnes, ont impetré la santé, & des graces particulieres par son entremise, je ne les raporte pas en detail, puis qu'ils ne sont encores fortifiez par l'authorité des ordinaires, ou du S. Siege, ces pieces authorisées, raportent fidelement, que *Scote* a rendu la santé à plusieurs miserables, & delivré plusieures femmes, des extremes angoisses, quelles devoint endurer en l'enfantement, un nombre fort grand des personnes, qualifiées accablées

C 5 des

des proces importans, & diffentions
dangereufes, ont experimenté fort
fenfiblement le fecours de celuy,
qu'ils avoint imploré avec tant d'in-
ftance. Il y en a qui ne fe conten-
tent pas, d'avoir faict authorifer les
graces qu'il ont receux par l'inter-
ceffion du bien-heureux *Iean Scotus*,
mais auffi en recognoiffance ils ont
faict des peintures, des fculptures,
des lames d'argent, reprefentans le
favorable fecours qu'ils experimen-
terent en leur miferes. Ie m'eftonne
grandement de la fage difpofition
de Dieu, qui faict, tant plus efclat-
ter la gloire de fon ferviteur, que les
envieux tafchent plus profondement
de l'enfevelir, foubs leurs impoftu-
res, & calomnies. Il morut l'an
1308. le 34. de fon aage.

De l'efcole du Docteur fubtil font
fortis deux grand Docteurs, qui fe
font admirer en Claffe. Le premier
le R. P. *François Mayron*, auquel la
Doctri-

Doctrine, qu'il possedoit, enfanta
ce titre de Docteur *Illuminé*, les
paroles de *Sixte de Seine*, luy sont favorables, & les voicy: *Mayron* excelle
à la haute Escole en só siecle, & je ne
vis jamais son semblable en l'estude
de la S. Escriture. Il donna en sa
jeunesse la preuve evidente de son
esprit, introduisant l'an 1315. à *Paris*
la dispute solemnele appellée Acte
Sorbonique. I'allegue les paroles de
Genebrard, l'Acte Sorbonique, est la
Dispute de longue haleine, qui se
faict tous les Vendredis, commen-
ceant à 5. heures du matin, & fini-
sant à 7. heures du soir, sans boire,
ny manger, sans compaignon, ny
president, ny aucuns secours du
monde. Le respondant est obligé de
satisfaire à tous les arguments qu'on
luy propose, & principalement des
Bacheliers du premier, & second
Ordre, qui luy font des objections
pour le moins de 100. arguments, en
C 6 nombre,

nombre, acte vrayement formida-
ble. En memoire que cet acte est
institué d'un Frere Mineur, le premier jour, est aux Freres Mineurs,
& le dernier, est aux *Dominicains*, le
proverbe de *France* entire son origine : *Le Franciscain commence, le
Dominicain acheve. Franciscanus ape-
rit, Dominicanus claudit.* Le Docteur
Illuminé a esté fort zeleux, pour la
defence de la Conception Immaculée de la Vierge, qu'il avoit appris
de son maistre, il quitta la vie mor-
telle l'an 1325.

Le deuxieme Disciple du Do-
cteur *Scote*, est le R. Pere *Guilliaume
Occam*, qui pour sa Doctrine, & merite, selon *Rudolphe*, a esté Provincial
d'*Angleterre*, & nommé la fleur des
scavans de son siecle. C'est cet *Occam*, qui est le Prince des *Nominales*,
vrayement un Docteur. *Gabriel Biel*,
suit entierement ses sentences. *Tri-
theme* en parle honorablement, il
l'appel-

l'appelle homme d'un efprit fubtil,
Docte Philofophe, tres-fcavant en
la S. Efcriture, renommé par fon e-
loquence. *Volateran. lib. 3. c. Britan-
nia. & Ferchius* difent, qu'en *Irlande*, il eft reveré comme un fainct
homme. Il tres-paffa environ l'an
1350. *VVadinghe ad annum* 1343.
Quand je confidere le nombre ef-
pouventable des Docteurs de l Ordre Seraphique, j'ay peur de'n pour-
fuivre le denombrement, c'eft pourquoy je m'arrefte icy, & me conten-
tente d'avoir parlé des premiers, &
plus anciens Docteurs de cet Ordre,
fi illuftre en Doctrine, car encore
que les modernes Docteurs meritent
honneur, & loüange, les anciens en
meritent d'avantage, puis qu'il font
les Fontaines, & les modernes, les
ruffeaux. Le R. P. *Louis de Ponte*, de
la compagnie de IESVS, *tom. 4. de per-
fect. tit. 6. cap.* 3. favorife mon dire,
car il appellé les anciens Docteurs,

les

les fontaines de ſageſſe , des quelles
eſpuiſent les modernes, tout ce qu'ils
poſſedent , les anciens l'ont trouvé
les principes des ſciences, les modernes en tirent leur conſequences, mais
il eſt plus difficile, de trouver la mine, que d'en tirer les metaux.

§. IV.

Des Excellents Expoſiteurs de la ſaincte Eſcriture.

IE n'ignore pas que tout Theologien ne ſe meſle d'expliquer la S.
Eſcriture , mais puis que j'ay projet-
té, de ne pas toucher ce qui eſt commun , je parleray ſeulement icy des
expoſiteurs de la S. Eſcriture, qui ſe
ſont ſignalez en cette eſtude. Le premier eſt le R. P. *Nicolas de Lyra.*
L'Abbe *Trithemius de Scrip. Eccleſiaſti-
cis,* qui monſtre quel eſtat les Do-
ctes en doivent faire , quand il dit:
Nicolas de Lyra , a eſté tres-verſé en
la

la S. Escriture , & par un travail
continuel , & un longe experience,
parfaictement sçavant , en la langue
Hebraique , subtil d'esprit , pas
moins venerable pour la vie ver-
tueuse, que les estudes infatigables;
son nom volle par tout le monde,
avec ses livres , qui glossent la saincte Escriture,& personne ne cognoit
plainement le profit qu'on entire,
que celuy,qui y met tout so̅ devoir,
& attentivement s'y applique. *Sixte*
de Seine lib. 4. *de Bibl. Sanct.* donne
pour ce grand homme, un tesmoi-
nage plus honorable, disant , le Ciel
privilegia *Nicolas de Lyra* d'une grace
particuliere d'expliquer la S. Escriture,veritablement,purement,& sin-
cerement, grace,la quelle ne fut onc-
ques communiques à un Docteur
de son siecle. Le sentiment de *Rike-*
lius merite qu'on l'allegue,puis qu'il
celebre hautement les merites de *Ni-*
colas de Lyra,il dit donc:Ce grand ex-
positeur

positeur des Scriptures , caſſa le no-
yau , & *Henry Toſtat* reçeut de luy
l'ouverture à bien gloſſer l'Eſcriture. *Adrien Thevet tom.2. lib.15. cap.10.*
l'appelle ſainct homme, & deſcrit
ainſi ſes merites: Ie ne veu pas ou-
blier *Nicolas de Lyra* , qui fut en vo-
gue l'an 1324. La *Normandie* n'enfanta jamais ſon pareille , qui expo-
ſa ſi doctement toute la S. Eſcriture, ſoubs ce titre de Gloſſe ordinaire, ou *Gloſſa ordinaria.* Il tira de la S.
Eſcriture des concluſions ſi ſolides,
qu'il deſabuſa plus de 6000 Iuifs,
opiniatrans en leur ancienne obſervance; il eſtoit fils d'un Iuifs, & cir-
cumcis, devant qu'il fut lavé du S.
Bapteſme, ayant veſcu ſoubs la pe-
ſante loix de Moyſe 34. ans, ſecova
ce dur joug de ces eſpaules , & prit
le leger de I. C. en l Ordre Seraphique. Vn chacun s'eſt ſervi de ces
œuvres juſques à maintenant, depuis
qu'elles ſont en lumiere, qui eſt 250
ans,

ans, & Grec, & Latin, Catholique,
Proteftant, & Heretique, ou il s'eft
fervi des labeurs de ce S. Perfonna-
ge. Vn petit tombeau, au Convent
des Freres Mineurs à *Paris*, enferme
ces os, mais fa renommée court par
tout le monde. Charles l'Empereur
V. paffant par *Paris*, fit fes prieres fur
fa fepulture. Il payat le tribut ordinaire des enfans d'Adam l'an 1349.
apres avoir fervi Iefu Chrift foubs
la baniere de fon porte enfeigne S.
François 68. ans. *Piere Aureolus* Archevefque *d'Aix*, en Provance, &
Cardinal, appellé le Docteur eloquent, comprit fort dextrement, toute la fubftance de la S. Efcriture, en
un petit volume, & qui le faict tant
admirer en la S. Eglife, cet epitome
de la S. Efcriture fut reimprimé l'an
1508. & vient aux mains de *Gregoi-*
re Edere, qui l'ayant profondement
penetré, en donna fa Cenfure, *in Oeco.*
Biblio. difant l'Autheur de ce livre,
eft

eft un homme divin , ces efcrits plus
eftimables que l'or,& meritent qu'un
grand efprit s'employe à les faire reimprimer, en forme toute nouvelle.
Eftienne Novellitius , Docteur en la fa-
culté Theologique à *Paris* , entreprit
cet ouvrage l'an 1583. en Allemaigne, *Iacques VVimphelirgo* , & le dedia
à *Eckius* , grand Antagoniſt de Luther. L'*Italie* fort portée aux inte-
reſts des bons efprits , donna l'an
1605. nouvelle lumiere au livre de
ce ſcavant Cardinal , dont nous parlons , le Cardinal *Sarnani* y mit entierement la main , le faiſant corri-
ger de *Piere Caputio* , Docteur en
Theologie, Evefque de *Converſano*,
qui le dedia au Pape *Clement* VIII.
Depuis tous les exemplaires eſtant
levez, & en *Françe* , & en *Allemaigne*,
un liſeur en Theologie des Freres
Mineurs à *Lovain* defirent du profit
des eſtudiants en la S. Efcriture , le
fit reimprimer plus clairement l'an
1647.

1647. avec applaudissement de toute ceux qui cognoissant la valeur , & estiment la Doctrine.

François Ximenes , Archevesque de *Toledo* , & Cardinal du S. Siege , de l'Ordre Seraphique , funda l'Vniversité de *Complute* , & employa des travaux inexplicables à mettre en lumiere la S. Escriture en Latin, Grec, Chaldée , & Hebreu , & dedia ce livre au Pape S. Leo X. Celuy qui desire de sçavoir le grand nombre des Freres Mineurs , qui ont glossé, & expliqué la S. Escriture, & s'estonner de la grandissime quantité de leurs volumes , qu'il consulte les escrivans Ecclesiastiques , car ils traittent tout au long, ce que nous couppons tout court.

§. V.

§. V.

*Des Docteurs renommez es droits, & qui
en ont compoſé des Livres.*

LEs Docteurs en droit, tant Civil, qu'Ecclefiaftique, ne manquent pas en l Ordre de S. Fr.ançois,
& ont profitablement employé leur
plumes à convertir grand nombre
d'heretiques. Aux fiecles paſſez, entre autres, font le plus celebres, les
Reverends Peres, *Monalde, Durande,
Piere de Saxe, Alexandre ab Arcoſtis, Ioſeph Angles, François Titelman, Alphonſe à Caſtro, Adam Saſbout, Michel à
Medina, André Vega,& Corneille Muſſus.
Michel ab Iſſelt, in ejus vita tom. I. conc.*
dit des merveilles du dernier, j'en
donne ces paroles: *Corneille Muſſus,* dit
il, de l'Ordre Seraphique, Evefque
de *Bitontin,* ranga en ordre, & de-
fendit la juſtification au Concile de
Trente,

Trente, auquel il fut envoyé de *Paule* III. au l'estonnement Vniversel de toute ceste solemnele assemblé, ce qui fit dire à ces Prelats, que ce Pere estoit l'Instrument du S. Esprit, du tout admirable. Le mesme Autheur espuise plusieurs loüanges de *Mussus,* de *Bernardin Tornitano,* qui dit, que *Mussus* est la Fontaine des precepts, l'escole des Sentences, le magazin des Docteurs, la mer des loix, & loüables costumes, & noms renomez en la S. Escriture, & un peu plus bas, dit, mes tesmoings seront (flaterie à part) les ames depuis peu agreables au monde, & maintenant les ornements du Ciel, de bonne memoire, le bien-heureux Pere *Gaspar Contarenus,* Cardinal du S. Siege, & le Venerable *Bembus,* deux grandes lumieres, l'un en Philosophie, l'autre en diverses langues, ces deux grands personnages, parlants selon leur sentimét de *Mussus,* disoint,

qu'il

qu'il ne leur sembloit pas grand Philosophe, ny grand Orateur, mais
Ange, & certes ces rares qualitez le
firent croire tel, à tout le monde, &
poursuit : Le Concile de *Trente*, se
recognoit fort obligé à promulger
son industrie, ny les hommes, ny le
temps n'effaceront jamais sa memoire, l'envie perdera son escrime
si elle y veut tant soit peu entepren-
dre. Ie me veu pas amuser à faire un
longe panigerique pour le R. P. *Andre Vega*, le R. P. *Canise*, de la Societé
de IESV le faict suffisament en l'Epistre de ces livres, qui dedie au Prince Electeur *Erneist de Baviere*, Evesque de *Liege*. Ces œuvres sont pour
une autre fois remis soubs la presse
à Coloigne, mais sa profession, ne
paroit pas au frontispice, j'ignore la
raison, il a esté pourtant de la Regle de S. *François*, en voicy les Autheurs, le R. P. *Henry Sedulius*, le R.
P. *Michel Medina lib.* I, *de Reg. in
Deum*

Deum fide. Andre Vega (dit il) Frere Mineur traicte en 15. livres, si doctement la determination du Concile de *Trente* , touchant la justification contre les heretiques , & principalement contre Calvin, qu'il refute si puissament, que les Catholiques peuvent à bon droict regretter sa mort. Le siecle present abonde aussi en escrivains , qui embelisent l'Ordre Seraphiq, entre autres le R.me Pere *Hugo Cavellus*, Primat *d'Irlande*, *Theodore Smising* , *Henry Sedulius* , *Antoin Hikeus* , *Florencius Conrius*, *Archi episcopus Brisenus* , *Matthias Haseur*, *François à S. Clara*, & plusieurs autres.

§. VI.

De Celebres Predicateurs.

L'Europe se peut vanter que l'Ordre de *S. François* luy a donné

en tout temps une moisson abondante, de grands, & celebres Predicateurs, qui se font servis de la
langue, comme d'une forte bride à
ramener les eschappez du chemin
de la beatitude, main puissante, à tirer les miserables pecheurs des abi-
mes de malice, charme attirant à l'a-
mour de I. C. qui se prodiga son
mesme pour les hommes. *S. François*
est le premier Predicateur de l'Ordre, qui par un Sermon inspiré du
S. Esprit, força plus de 500 hommes, de vivre soubs la Regle, si contraire à la nature. Sa parole fit des
effects estranges, elle penetra les
cœurs, addoucit les refractaires, plia
les obstinez, humilia les superbes, &
fit en fin des merveilles, car ses paroles estoint de tonnerés, & sa vie
un esclair. Tout le monde cognut
S. Antoine à Padua pour grand Predicateur, les effects de ces Sermons en
ont les preuves, les Eglises n'estoint
pas

pas assez spacieuses, pour y recevoir les assistances nombreuses, il choysit pour cela les larges campaignes, toutes sortes de conditions de personnes mespriserent leurs profits, & leurs delices, supporterent les pluyes, & les tempestes, endurerent des incommoditez tres-sensibles, tout pour ouïr l'Oracle du temps, & l'Organe du S. Esprit. L'attention du peuple estoit si prodigieuse, que parmy le nombre de 3000 personnes, on entendoit non plus de bruit, que dans une place solitaire. Quand il alla avancer la S. parole, il estoit suivi de plusieurs Prestres, deputez à Confesser les penitens, quil esmeut, par l'efficace de son dire.

Les sermons de S. *Bernardin de Seine* ettoint penetrans comme le Soleil penetre les entrailles de la terre, formant dans les cœurs de ses auditeurs, des riches metaux pour orner le Ciel. Le contentement que l'I-

talie trouvoit en ces Sermons eft in-
dicible, pour les ouir, les marchants
fe defifterent de leur trafique, & ne
voulant plus ouvrir leurs boutiques,
avant que ces Sermons fuffent ache-
vées, aymant mieux perdre leur profit, que de les negliger.

Ce que *Iean Aventinus* raporte du
bien-heureux Pere *Bartolde*, natif de
Ratifbone, eft admirable, car il dit
que ce celebre Predicateur fut fuivy
quelque fois d'un auditoire compo-
fé de plus de 60 mille perfonnes.

Quel Predicateur fut *Iean Capiftran*, les Annales, & les Hiftoires le
publient hautement, une allegation
fuffira, elle eft de *Krantius lib.* 11.
Serm. cap. 36. qui dit, *Iean Capiftran*,
vient ardament prefcher la parole
de Dieu en *Auftrice, Baviere, Svvabe,
Turinge, & Saxe*, prechant un jour
trois heures continuelles au marche
de *Magdenbourg*, en Latin, pour
ceux qui en avoint la fcience, d'autant

tant qu'il ignoroit la langue Allemande, estant aussi les auditeurs qui
ne le scavoint entendre, fort esmeu
par ces gestes extraordinares. Il y a-
voit un Pere du mesme Ordre, d'une
pareille science, chez luy, qui tranf-
latoit le tout en langue Allemande,
faisant pareillement par grandes e-
motions du grand fruict bien considerable, car les femmes quitterent
leurs parures dereglées, les hommes
leur debauches, apporterent aux
pieds de ce Predicateur, les cartes,
les dez, & les autres instruments de
pecher, & enfirent un holocauste en
sa presence.

Le bien-heureux *Bernardin de Feltrio*, obtient son rang, entre les Predicateurs de l'Ordre Seraphiq, puis
qu'il a esté le plus fameux de son
temps, & l'Autheur du Mont de
Pieté à Padoue, que *Raidulphe l. 16.
Hist. Seraph.* appelle la Mere de mi-
sericorde, & les mamelles des pau-

vres de Iesu Christ. Et le bien heureux *Bernardin de Bustis*, de pareille
Doctrine, & saincteté, dit de nostre
grand Predicateur *Rosurio parte* 1ᵃ.
que quand il precha à *Vincenne*, l'air
estoit plus peuplé d'Anges, que l'E-
glise d'Auditeurs.

Le bien-heureux *Bernardin de Bustis*, manifeste luy mesme, la grace
particuliere, qu'il avoit pour annon-
cer la S. parole, puis il a laissé au
monde ces œuvres, qu'il nomme le
Rosaire, qui declarent suffisament
sa capacité, & son eloquence.

Vn peu depuis le bien-heureux
Bernardin Aquilanus estonna le monde, par ces Predications enflammées,
il fut appellé le Predicateur Apostolique, vrayement Apostolique, puis
qu'il confirma ces Sermons, par des
miracles ; il composa plusieurs livres
en Latin, & en Italien ; fort profitables aux Predicateurs, entre autres
un, qu'il nomme le Pelerin, en memoire

moire que Iesus Christ luy apparut
en telle forme.

L'Ordre de S. *François*, ne se faict
pas moins cognoistre, par ces ex-
cellentsPredicateurs modernes qu'il
fit par les anciens; approchant donc
noftre temps le R. P. *François Vice-
dominus* , fcavant en la langue Gre-
que, & Latine, gaigna pareillement
le titre, & fut les delices de la chaire, en fon temps.

Nous avons parlé du Pere *Muſſius*,
mais trop peu, pour ces merites, *Ro-
dulphe* me faict encor alleger, ce qui
dit de luy *l.3.Seraph. Rel.* fort à fon
avantage. Il eft cet Aftre tres-lui-
fant, dit il, qui a faict revivre en *Italie* , l'ancienne facon de prefcher,
practiqué de S.*Bafile* le grand. *Muſ-
fius*, c'eft hazardé de comparoitre
enpublic des ces 12 ans , & difoit fi
bien au gré de fon Auditoire , qu'il
obtient le laurier , parmy tous les
Predicateurs *d'Italie.* Le R. P. *Sedu-*

lius in com. ad vitam S. Franc. nous a-
vance, un autre grand Predicateur,
c'est le P. François Panigarola, il avoit
la force de Hercule Gaulois de capti-
ver le peuple par les oreilles, l'attention de ces Auditeurs estoit si
grande que personne ne detournoit
jamais sa veüe du Predicateur, mais
furent comme des statues estonnez
de la douceur de son dire, ceux cy
sont d'Italie. Mais l'Allemaigne, abonde aussi en semblables hommes, qui
ont esté les trompettes Euangeliques. Le R. P. Iean Ferus vivera tousjours en la memoire des bourgeois
de Mayence. Iean Baso, Predicateur
heroique asseura par son eloquence
plusieurs villes enbranlées en la foy
Catholique, & ramena plusieurs a-
mes, seduites par les heretiques: sa
renomée est tres-honorable à Auf-
bourg, Baviere, & Tirol, l'Espaigne, &
la France, Royaumes, qui reverent
fort la Rhetorique, recognoissent
aussi

auſſi pour de grādes maiſtres en c'eſt
art, les Religieux de l'Ordre Séra-
phique, leurs œuvres qu'il envoyent
par toute la terre, publient hautement leurs capacitez, & leurs excel-
lences. D'*Eſpaigne* vient le R. P. *Didac
Stella*, & *Philippe Diez.* De la *France*,
Piere ad Boves, Ignace de Gault, le R. P.
Boucher, le R. P. *I. de la Haye*, , & mil
autres. La Province du pays-bas, flo-
riſſante en zele, & diſcipline, ne cede
pas nulle du mōde. Le P, *Sedulius* au-
thorizera mō dire. Il ne faut pas (dit
, il) de paroles ou il y a des œuvres:
; Les Freres Mineurs du Pays-bas,
; ſont plantéz comme les boulevarts
; contre les heretiques, leur vies lan-
; gueſants qu'ils ont prodiguez pour
; la foy, ſont aſſez cognoiſtre leurs
; qualitez. Ceſte Province devant
les troubles a eſté peuplé de 32 Convents des Religieux de *S. François*,
qui agitez du S. Eſprit, & porté
par le zele, tres-violent de la chari-

té

té firent tant aux Villes, que Villages, plus de 20000 Sermons fur un an à l'edification du peuple. Les plus rares Predicateurs de ceſte Province, ſont le Reverends Peres *Adam Saſbaut, Adrien Hofſtadius, Petrus de monte, Ægidius Brux. Boxtelius, Guillaume Spoelberch, Ioſe à Caſtro, Baltazar Baſſeliers, Hubert Punderus,* & pluſieurs autres cognus par leurs œuvres. La deduction faicte des hommes illuſtres de l'Ordre de *S. François* depuis ſa naiſſance juſques au jourd'huy, monſtre evidamment les merites de ceſt Ordre en Europe, & qu'il a eſté ſans ceſſe en action, n'eſpargniant ny peines, ny travaux, ny la vie de ſes enfans pour le ſalut des ames. *S. Bonaventure* dit, *ſuper Reg.* qu'il ne convient à perſonne de preſcher l'Euangile, qu'à celuy qui par ſa regle, eſt obſervateur d'icelle, il convient donc tres-bien aux Freres Mineurs, de preſcher
l'Euangile,

l'Euangile , puis que c'est par leur regle qu'ils observent, & certe quand les œuvres ne sont pas conformé à la langue , les Predications ne sont pas fructueuses, celles donc des Freres Mineurs , sont profitables , puis que leurs paroles s'accordent avec leurs vies, & par consequent , la vision du Pape se verifie , que *S. François* estoit destiné du Ciel , pour servir de colomne à l'Eglise , jugez du cette verité , selon que le premier traicté l'enseigne, & lisez le suivant, qui vous la rendra plus evidante.

D 5   CHA-

Pater Ioannes a monte Coruino, ord: Minorum, Archiepiscopus primus post S: Thomam, Tartaria, Indiae, Chinaq; Apost

III. CHAP.

Du travail, pour le gain des ames que l'Ordre de S. François a faict en Syrie, Tartare, & les autres pays de l'Asie.

§. I.

De la terre Saincte.

L'Europe, le canton du monde, d'aussi grande estenduë, ne peut borner le zele de nostre Ordre, car il s'elargit mesme en *Asie*. S. François s'y transporta l'an 1219. & visita toute la *Syrie*, y conquétta plusieurs ames: il y a 300 ans, que ce pays receut les Freres Mineurs, pour y demeurer, & ils y ont esté jusques à cette heure, deputez à la garde des lieux sacres, parmy les Turcs, & les scismatiques; de quoy s'estonne le

D 6   R. P.

R. P. *Dominique Gravina lib. de ge-mitu Columbæ par.* 2. *c.* 24. perſonne ne peut douter, dit il, que le zele, & l'edification perſevere en l'Ordre de *S. François*, conſiderant les travaux continuels de ces hommes Apoſto-liques, en la converſion des infide-les, la multiplication des Cloiſtres, & le ſang de tant de Martires, les ennemis jurez du nom Chreſtien meſmes le teſmoignent, puis qu'ils tolerent ceſte Saincte Religion en la *Paleſtine*, ſur la montaigne de *Sion*, celle des *Olives*, au *S. Sepulchre*, & *Betlehem*, en la valée de *Ioſaphat*, *Nazareth*, *Bethanie*, *Iordain*, & aux 15. autres lieux, ou les Freres Mi-neurs, ſont admirablement nourris comme *Elie*, du pain des corbaux, il ont tout quitté, & poſſedent tout, à ſcavoir Dieu, qui eſt leur poſſeſ-ſion, & eux la poſſeſſion de Dieu reciproque, ont tout abandonné,& poſſedent le Createur de toutes choſes.

ses. C'est fort à propos, dit *Gravina*,
que le Ciel plaça les Freres de S.
François, en la terre saincte, puis
qu'elle est la maison du Seigneur, &
la porte du Ciel *Genes.* 28. qui demande ses serviteurs, & de nom, &
de faict semblables, aux ardants Che-
rubins, citadins de la Ierusalem celeste. La guarde de l'estable de Betlehem, & la creche de Iesu Christ,
appartient aux Freres Mineurs, ri-
goureux observateurs de la pauvreté
Euangelique. La possession des autres lieux, signalez par la Passion de
Iesu Christ, ne pouvoit estre mieux
donné à d'autres, qu'à ceux qui vi-
vent soubs la Regle de celuy, qui
porte en son corps les cicatrices, que
Iesu Christ receut pour les hommes
sur les *Calvaires*. L'on ne pouvoit
mieux donner la montaigne des *Oli-*
ves, & la vallée de *Iosaphat*, lieu du
Iugement universel, qu'aux Freres
Mineurs, puis que Iesu Christ en S.
Mat.

Mat. cap. 19. les promet, qu'ils ju-
geront avec luy les 12 tribus *d'Iſraël*,
pour avoir tout abandonné pour
ſon amour, & à ſon exemple.

§. I I.

De la Converſion des Tartares, & des autres nations voiſines.

INnocent IV. Sainctement paſſio-
né, pour la Converſion des *Tar-*
tares, la commis à ces ſerviteurs af-
fidez, les Freres Mineurs, le principal inſtrument, fut le R. Pere *Lau-*
rent de Portugal, qui s'addreſſant à
l'Empereur Barbare, ouvrit largement la porte à ceſte action ploriſ-
ſante, ſoubs la ſpatieuſe domination
de ceſt Empereur, & ſont pluſieurs
Roys, & Royaumes. Les Freres de
S. François, en convertirent un nom-
mè *Sartach* l'an 1254. la lettre qu'il
addreſſa au Pape *Innocent* l'an 1278.
　　　　　　　　　　　　　　　　eſt

est encore en estre. Depuis la foy
prenant racine en ces Royaumes, le
Roy *Abaga* residant en *Tarvis*, ville
de *Perse*, envoya les Ambassadeurs
à *Nicolas* III. demandant instament
des Ecclesiastiques, pour l'instruction de ses subjects en la foy Catholique, & pour baptizer tout
ceux, qui la vouloint embrasser. Le
Pape y commenda le Pere *Gerard de
Prato*, accompaigné de quatre autres
Peres du mesme Ordre, qui pour
faciliter leur entreprise, mirent toutes leurs forces à convertir les Princes, ce que leur reüssit merveilleusement, car ayant baptisé le fils du
Roy, appellé *Argo*, & son Frere, qui
changea de nom, qui se fit nommer
Nicolas, ne trouvoint pas grande re-
sistence à resoudre des milliasses du
Commun peuple au S. Baptesme.
L'an 1288. ces mesmes Peres convertirent les Roynes des Barbares
Fartana, & *Eleage*. L'année suivan-
te,

te , le Venerable Pere *Iean* à *Monté
Corvino* fit la feconde ambaffade
pour le Pape *Nicolas* IV. aux Rois
d'Armenie,Perfe , *Maurotanie* , au Roy
Argo, & *Cham de Tartarie* , les lettres
qu'il envoya au General de l'Ordre , & aux Freres Mineurs de S.
Dominique , fidels ouvriers en cefte
maifon tres-ample , racontent les
fruicts de ces peines , voyci ce qu'il
en mande au General de l'Ordre
de S. *François* : Ie fuis party (dit il)
de *Iarvis* Ville de *Perfe* l'an 1291. &
arrive aux *Indes*, au lieu tant renommé de S. *Thomas* Apoftre , & pour
le fang qu'il y refpandit, en la devotion des convertis , qui y firent edifier une belle Eglife , je me fuis ar-
rêfté 13 mois , & y ay baptifé environ 100 perfonnes, mon affidé eftoit
Nicolas de Piftorio Dominicain , mais
la mort me l'ayant ravy , je l'ay faict
enterrer en la ditte Eglife de fainct
Thomas. D icy pourfuivant mon voyage,

yage, je suis arrivé en *Catag*, Empire du grand Cham de *Tartarie*, ou
je l'ay sollicité, & tres-instamment
supplié par raisons, & par lettres
du Pape mesme, de vouloir accepter
la foy Catholique, & non obstant
qu'il fust fort endurcy en l'Idolola-
trie, il n'a pas laisse pourtant de faire
beaucoup de bien aux Catholiques,
il y a deux ans, que je sejourne chez
luy en asseurance. Iamais ny Apostre, ny personne de leurs Disciples
avant moy ne penetra ses Royau-
mes, il y a icy des *Nestoriens*, qui pro-
fessent la foy Chrestienne, mais ils
en sont fort eloignez, & m'ont
brassé des affaires tres-dangereuses,
me deschiffrant comme un espion,
& seducteur du peuple : Et par un
dernier effect de leur envie, ils m'ont
imputé un assasinat, & un vol tout
ensemble, sur la personne d'un cou-
rier, & que j'avois enlevé sa riche
valise ; ceste persecution malitieuse
m'a

m'a agité cinq ans de suite , me faisant souventefois comparoistre au
tribunal du Iuge , courrant risque
d'une mort scandaleuse , mais à la
fin le defenseur des innocens ne m'a
pas abandonné, faysant publier mon
innocence devant l'Empereur , par
un de ceux mesme , qui me la vou-
loit ravir par envie , & l'Empereur
detestant ceste perfidie a payé ces
malitieux, & toute leur famille d'un
banissement infame. Ie me suis trouvé tout seul dans le pays *Barbare* 11.
ans continuels : mais il y a deux ans
que mon ennuy est un peu soulagé
par la presence de *Piere Alemanus* Religieux de nostre Ordre, de la Province de *Coloigne.* I'ay erigé une E-
glise , & la tour à trois cloches, en
la Ville de *Cambalu* demeure ordinaire du Roy : j'ay jusques à maintenant baptisé environ 6000 hommes , mais la persecution alleguée
m'a empesché une moisson plus a-
bondante.

bondante. I'ay accepté 150 enfans,
que j'ay catheguisé, & baptisé, &
sont maintenant bien dressez , il
chantent , & font l'office Divin,
comme on faict en nos Convents
dedans *l'Europe.* L'Empereur se de-
lecte fort en leur harmonie, je sonne
la cloche, toutes les heures du jour,
& celebre la Messe , assisté de mes
escoliers, me rendans toutes sortes
de service. Vn Roy Nestorien appellé *George*, du pays voisin , m'a-
miablement reçeu , je l'ay converti,
& conferé les petits Ordres , & me
sert à la Messe tout habillé à la Ro-
yalle, il est la cause de quasi la totale conversion de son Royaume , il
ma faict battir une Eglise à l'honneur de la tres-adorable Trinité,
œuvre du tout magnific , & digne
d'un tel Prince. Il y a six ans , que
Dieu recompensa ces merites, laissant pour heretier de son Royaume,
son fils aagé de 9 ans , qui comme
moy

moy s'appelle *Iean*. Les Freres de ce
devot Roy s'opiniatrans en leurs erreurs, ont ſeduit un bon nombre de
ceux que j'avois gaigné, il m'eſt
impoſſible d'aller au devant de ce
mal tout ſeul, ne pouvant quitter
la perſonne de l'Empereur, & aller
à mon Egliſe eloignée d'icy de 20
jour, mais ſi les bons Peres viennent
à mon ſecours, j'eſpere de redreſſer,
ce qui va en decadence, & je me per-
ſuade que c'eſt par faute d'aſſiſtéce,
que je demande inſtament. L'Empereur auroit reçeu le Bapteſme, ſi j'a-
vois obtenu 2. ou 3. de mes côfreres.
Ie m'occupe maintenāt à battir une
autre Egliſe, ce qui me donnera la
commodité, de diſtribuer les enfans
en divers lieux; je ſuis tout blanc, &
caſſé, plus par facherie, & travail, que
par le nombres de mes années, qui
monte ſeulement juſques à 58. ans.
Ie ſcay parfaictement la langue *Tar-*
taroiſe, dans laquelle j'ay tranſlaté
le

le nouveau Testament, & plusieurs
Pseaumes de *David*, je presche publiquement , &c. Donné en *Cambelu*
l'an 1305. Le 8. *Ianvier*. En la lettre
que le Reverend P. mentioné escrit
à ses Confreres, & aux Dominicains
en *Perse*, il dit encore d'autres par-
ticularitez touchant la conversion
de cette nation *Barbare* , l'on ma
donné (dit il) l an 1305. une place
devant la porte du Palais Imperial,
pour y battir un Cloistre, place si
commode , que je ne croy pas que
par toute l'estenduë de l Empire on
yen pouroit trouver une plus commode ; on me donna la place au
commencement du mois *d Aoust*, &
le Convent fut achevé à la *S. François*, mais l'hiver m'a empesché de
perfectionner l Eglise. Ie vous dis,
que les estrangers s' estonnent
grandement de voire en ce pays u-
ne grosse croix arborée sur le nouveau battiment, & quand ils nous
enten-

entendent chanter à voix desployée,
leur estonnement s'augment encore.
L'Empereur peut ouïr nostre chant
de sa chambre, merveille qui se pu-
blie par toutes les nations des *Indes*.
Ceste Oratoire est situé deux lieux
de la premiere Eglise, que j'ay faict
battir, & est compris dans les mu-
railles de la Ville, qui est fort grande. I'ay distribué les enfans qui
chantent l'office divin en l'une, &
l'autre Eglise, je suis leur Chape-
lain, & chante la Messe, alternative-
ment une sepmaine en l'une, &
l'autre Eglise. I'ay mon entrée en
la Cour Imperiale, & ma retraitte
en qualité de Nonçe Apostolique,
l'Empereur m'honore plus que personne, &c. Le bienheureux *Odori-
que* enregistre cette Epistre en sa
Chronique. Ces heureuses nouvel-
les estant arrivées à *Rome*, aux oreilles du Pape *Clement* V. que la *Tartarie* etoit entierement disposé à recevoir

cevoir la foy Catholique , par les
zeleuſes predications, & vie edifica-
tive du Reverend Pere *Iean Corvin*,
le orda l'an 1307. ſon Vicaire en ces
lieux , & Archeveſque de *Cambalu*,
de ſur plus luy donna pouvoir ab-
ſolut d'ordonner en *Orient* des E-
veſques en tel nombre qu'il luy
ſembleroit neceſſaire. Le meſme Pape luy envoya un ſecours fort conſiderable de 7 Eveſques , Freres Mineurs,& pluſieurs ſcavants hômes du
méme Ordre,qui menerent dextrement toute la *Tartarie*, ce grand Empire à l'obſervance du S. Siege : y
battirent des Egliſes , dreſſerent des
Autels , augmenterent les Cloiſtres,
Baptizerent l'Empereur , pluſieurs
Roys, & Roynes. L'Empereur ſe
fit nommer *Iean* , comme celuy du
quel il avoit apris la foy Catholique. L'Empereur trepaſſa peu de
temps apres ſa converſion,& fut enſeveli en l'Egliſe des Religieux de
noſtre

noſtre Ordre , 30 ans apres ſa mort,
ſon corps, & ces habits furent trou-
vées affrancis de la corruption , &
pouriture , grand merveille pour les
infidels qui eſtoint ſpectateurs de ce
miracle. Son corps fut tranſplacé,
en l'Egliſe des Freres Mineurs en
la Ville de *Sarai* , n'eſtant pas en aſſeurance à cauſe de la guerre. *S. An-*
tonin dit , en ces Hiſtoires , que le
Frere de ce ſainct Empereur , mena
une vie fort innocente, & que Dieu
l'honore de beaucoup de miracles.

Depuis cette nation eſtant recheu-
te en la *Mahumetiſme* , les Freres Mineurs en revelerent grand nombre,
les lettres Pontificales le temoi-
gnent, celle de *Iean* XXII. *Benoiſt*
XII. *Clement* VI. *Vrbain* V. *Bonifacius*
IX. *Nicolas* V. & celles que l'Empereur, Roys, Princes, & ſujets de cet
Empire, eſcrivoint aux Freres de *S.*
François, qu'ils reverent comme leurs
Apoſtres, *VVadinge* les raporte, en les
annales *t.* 3. 4. 5. 6.   CHAP.

CHAP. IV.

Des fruits que l'Ordre Seraphique faict aux *Indes Orientales*, & autres pays de *l Asie*.

§. I.

De la Conversion des Indes Orientales.

Ersonne ne peut raisonnablement disputer l'hôneur de la conversion des *Indes Orientales*, avec les Religieus de l'Ordre Seraphique. Environ l'an 1322. les bien-heureux PP. *Th. de Tolentino*, & *Iacques Paduanus*, ayans leurs Freres pour compaignons, passerent le Royaume de *Perse*, & s'embarquerent à *Ormus*, d'ou ils arriverent à *Bombayin*, de la à *Thoma*, Ville cognuë, pour la demeure

E

meure des *Portuguis*, c'eſt icy qu'ils
ont commencez à ſemer la parolle
divine, & y ont reçeus pour recom-
penſe la Couronne du Martyre:
leur nom y eſt fort honorable, &
pour les miracles qu'il ont operez
devant, & apres leur Martyre, &
ils ont eſté les premiers, qui entre-
rent en poſſeſſion des *Indes*, depuis
la mort de S. *Thomas*, Apoſtre de ces
ſpatieux Royaumes. Pour conti-
nuer la poſſeſſion, priſe par les SS.
Martyres, 8. Freres Mineurs y allerent avec la premiere flotte, qu'y envoya le Roy *Emanuël de Portugal*,
l'an 1500. les 7. ſont martiriſez, le
8. reſtant ſeul en vie, nommé le Pere
Henry de Conimbre, & ne perdant pas
courage, amplifia merveilleuſement
la Foy Catholique, juſques à l'an
1505. qu il reçeut au ſecours grand
nombre de ces Confreres, & l'an
1510. *Alphonſe de Alberquerque* ayant
conquetté la Ville marchande *Goa*,
y fit

y fit un grand Convent pour les
Religieux de S. *François,* d'ou il allerent par toutes les *Indes* conquéttans
des ames ſans nombre : tout ce que
cet Ordre a ſouffrit à la converſion
des infidels , les premiers 40. ans,
tout ce qu'il a travaillé à civilizer
les ſauvages, courant d'une place à
l'autre, viſitant les malades ; toutes
les Predications , & les Bapteſmes
qu'il ont fait , appartient aux Religieus de S. *François* , & par conſe-
quent la gloire totale , entire l'origine : parquoy ſi quelques autres
que les Freres Mineurs pretendent
quelque part , c'ét vouloir moiſſon-
ner ſans ſeméringer , ſi telle proce-
dure n'ét pas injuſte. Il ne faut pas
s'eſtonner que les Freres Mineurs
ayent tant profité aux *Indes,* ſi on
conſidere le temps , qu'ils y ont tra-
vaillez , & le nombre des Religieux
qui s'y ét employé, & le zele qu'ils
y ont contribuéz, les effettes de leur

peines ne seront pas extraordinaires,
tant de Roys, de Roynes, & de Princes baptisez , tant de Royaumes,
Provinces, & Villes subjuguees à Iesus Christ, tant de Temples des idololatres rasez , tant d'Autels ren-
versez , tant d'Eglises Catholiques
erigées, tant de croix plantez , tant
d'Archevesques ordonnez, tant d'E-
vesques constituez , tant de Cures
établiz , tant de Predicateurs envoyez , produisent tous ces effets
admirables , mais vous les voyez encor plus amplement par cette suit-
te. Les Freres Mineurs ont erigé en
ces *Indes* 22. Provinces , batis 500.
Convents, & des Colleges, en grandissime nombre, pour l'instruction
de la jeunesse indocte. Cette instruction ayant continué beaucoup de
temps par nos Religieux, à été si
fructueuse, qu'elle a peuplé , & les
Cloitres, & les Cures, car beaucoup
de jeuns hommes enseignez en nos
Colleges,

Colleges , se sont rendus , les uns
Freres Mineurs , les autres Prêtres
seculiers , qui ont esté employéz
pour les charges des ames , dans les
Cures , en fort grand nombre. Les
Peres de la Societé de IESV , soubs
la conduite de S. *François Xavier*,
étant arrivéz aux *Indes* l'an 1541.&
desireux de s'employer aux mesmes
functions que nos Freres, & principalement à enseigner la jeunesse, les
Freres Mineurs resignerent l'an
1550. à ces Peres plusieurs Colleges qu'il avoient jusques à ce temps
la louablement gouverné , jugans
qu'ils pourroient plus fructueuse-
ment employer leurs travaux à con-
quetter les ames (but principal de
l'Ordre de S. *François*) qu'à enseigner les lettres à la jeunesse. Ie n'i-
gnore pas que cétte bienveillance
Catholique , qu'alors les Religieux
de S. *François* rendirent aux Peres
de la Societé , est supprimé en la se-

conde edition de la vie de S. *François Xavier*, & que la premiere met
(comme de raison) cétte verité en
evidence, j'ignore la raison pourquoy elle en est bannié.

§. II.

De la Conversion de la fameuse Isle de Zeilan.

LEs heureux succes des conquerans Euangeliques, les Freres
Mineurs servirent comme d'une
hüile à leur flamme, & les firent en-
treprendre l'an 1540. la conquétte
de la grande, & celebre Isle de *Zeilan*. Le Pere *Iean de Villa Comitis* la
perfectionna l'an 1546. persuadant
l'Empereur de detester le paganis-
me, comme il fit, se faisant baptiser,
& prit le nom de *Iean Pareapender*.
Estant baptisé il changa tout a fait sa
forme de gouverner ses subjets, les
gouver-

gouvernant à la Chrestienne , rien
ne le pouvoit ébranler en la foy Catholique , qu'il garda constamment,
jusques au dernier soufpir de sa vie.
Le même Pere baptisa l Emperatri-
ce fille du Roy de *Candie* , toutes les
Damoiselles, domestiques, & grand
nombre du commun peuple , ruina
les Temples des Idoles , & en eri-
gea plusieurs autres au Dieu vivant.
Ce progres tant considerable en la
foy, arriva soubs le reigne de la Royne *Catharine de Portugal* , pour lors
Regente en la place de son nepveu
Sebastien, encor en bas aage : Les té-
moignages autentiques qui en font
foy, sont les lettres de recognoissance, addressées au P. *Melchior de Lisbs.t*,
Custode de la Province de S. *Thom.s*
Apostre. Deux autres Peres du m -
me Ordre , le Pere *Eduard Ciaconx*,
& *François ab Oriente* , employerent
tres-bien leurs peines au même Empire, baptisans le Roy , & la Reyne

de

de *Septemcorlas*, & appellerent le Roy
Emanuël, & la Royne *Antoinette*.
L'an 1548. les Religieux du méme Ordre profiterent autent au
Royaume de *Beras*, y baptiserent la
Royne, se faisant nommer *Catharine*. L'an 1556. le Reverend Pere
Vincent de Lagos baptisa le Roy de
Thamor, la Royne sa compaigne, &
deux de leurs enfans. Depuis, il baptisa pareillement le Roy de *Careen*,
& septant mil de ses subjets, comme
aussi le Roy de *Candie* qui se nomma *Philippe*. Et son fils *Iean*, heritier
de sa Couronne, la Royne *Catharine*, toute la Court suivi l'exemple
de leurs souverains, & se fit laver du
S. Baptesme. L'an 1594. le R. Pere
Emanuël de Sanctis, ramena à la sain-
.cte Eglise le Roy de *Septemcorlas*, qui
prit au Baptesme le nom d'*Antoin*, &
son nepveu *François*. Le raisonnement des Freres Apostoliques, fut si
efficace au Royaume de *Ceitanachen-
sen*,

ſen, que le Roy, & la Royne étant convaincus, profeſſerent la foy Catholique, luy ſe fit appeller au Baptſme *Philippe*, & l'autre *Catharine*, au même temps les Religieux de noſtre Ordre ouvrirent les jeux à deux autres puiſſants Princes, aveuglez en l'Idolatrie, dans le Royaume de *Coſta*, & ſe faiſant baptiſer, l'un ſe nomma *Philippe*, & l'autre *Iean*, le dernier étant inſtruit au College des Freres Mineurs à *Goa*, ſe fit prétre, & demeura depuis pluſieurs années à *Lisboa*. L'an 1613. P. *Lovis* à *S. Didaco*, enfanta ſpirituellement à la S. Egliſe, & à l'Ordre de S. *François* l'heritier du Royaume de *Iaſa-Napaten* appellé *Conſtance*, lequel étant Baptiſé, il aſſiſta fort, étant encore Frere Mineur, ſes confreres en la Province de *S. Thomas*; car il étoit avantagé des pluſieures belles qualitez, entre autre de grande Doctrine en Theologie, &

E 5   de

de gratieuse eloquence, & fut grand
Predicateur de la Province de S.
Thomas, le surnommé Pere *Louis* baptisa aussi la Mere de *Constance*, depuis Religieuse, avec ces deux filles
de l'Ordre de S. *Augustin à Goa*, un
Cloitre de S. *Monique*. Le méme Pere ne cessant en ces conquéttes, gaigna depuis les deux Cousins du
Prince de *Constance*, & les fit Freres
Mineurs, qui se font perfectionnez
aux études, au College des Religieux de l'Ordre Seraphique. Depuis l'an 1624. jusques à l'an 1627.
les Freres Mineurs baptiserent au
Royaume de *Iasa-napaton* plus de
70. mille personnes. Le Reverend
Pere *Louis Carnero Vechio Indien*, vint
à *Rome* l'an 1636. raportant la jo-
jeuse nouvelle, à la congregation
des Cardinaux, que les Religieux
de son Ordre depuis l'an 1636. jusques 1646. avoient convertiz six-
cent mille ames, faisant tout paroistre

stre par information legitime, & par
les registres autentiques , les mémes
registres monstrerent que ces confreres baptisent tous les ans au baptesme general 5. ou 6. mille Idololatres, & que le Pere *François Negran*
Indien naturel avoit faict l'espace de
cinq mois, sept baptesmes generaux,
& conferé le S. Sacrament à sept
mille, & cinq cent personne de la
seule Isle de *Zeilan.* Le Pere *Louis*
Carnera, & le Pere *Gondisalue à Con-*
ceptione , ont ramené deux mille
Chrestiens, r eniez, & seduits des *Mo-*
res , destruict cinq Temples des Idololatres , & pulverisé plus de cent I-
doles. L Illustrissime P. *François An-*
tonius Frere Mineur , Archevesque
de *Mira* ; & Missionaire du Pape *Vr-*
bain VIII. a faict valoir son talent, &
sa commission Papale au méme pais,
faysant entrer en la S. Eglise deux
puissants Princes, & plusieurs autres
par la porte du S. Baptesme. Le mé-

me

me Archevefque l'an 1648. ayant
travaillé plufieurs années, fit tant
par ces prieres, & oraifons, & autres inftances, que l'Empereur de
Candie, *VVa*, & *Matala*, avec tous
fes fubjets abandonnerent la venera-
tion des Idoles, & adorent maintenant le Createur du Ciel, & de la
terre : Cét Empereur ayant choyfi
pour jour de fon baptefme le hui-
tiéme *d'Octobre*, on appréta l'Eglife
des Freres Mineurs à *Goa*, pour y
celebrer cétte action fi folemnele, il
y comparut le jour determiné ac-
commodé à l'Imperiale, tant pour
ces habits efclattans en or, & argent,
que pour fa fuite illuftre, & nom-
breufe, l'Illuftriffime P. *François*
Martinez de, l Ordre Seraphiq, Archevefque de *Goa*, & primat des *In-*
des, le vint cordialement reçevoir à
la porte de l Eglife, le conduit jufques à un Autel, place de l'Archevefque de *Mira*, qui luy propofa les
deman-

demandes ordinaires, pour entrer
en l'Eglise, de la fut mené à un autre Autel, s'y mettant à genoux, au
troisiéme autel, preparé pour son
baptesme, qu'il y reçeut devote-
ment, changant sa vie, & son nom,
d'Idololatre en celuy d'un vray
Chrestien, prenant le nom de *Theo-*
dose: Cét exemple a eté fort attirant,
car au méme jour 4. Princes, & Generaux, dix Capitaines, & plus de
80. personnes Illustres, furent baptisé en la méme Eglise.

§. III.

De la Conversion des Philippines, , &
du puissant Royaume de la Chine.

L'An 1577. le bien-heureux P.
Piere Alpharo, & plusieurs autres
Religieux de l'Ordre de Sainct
François empoignerent l affaire glo-
rieuse de convertir les Isles *Philippi-*
nes,

nes, leur ſucces egala leur zele ; car peu de temps apres leur arrivées, ils edifierent un Convent en la Ville de *Manila* Capitale de ces Iſles, y menerent la vie Apoſtolique, & deſabuſerent en 9. ans trois cent mille I-dololatres. Le Pere *Pierre* quitta ces confreres de *Manila* l'an 1579. & s'en alla à la conquétte de la *Chine*; le P. *Martin de Loyola* fort privilegié du Pape *Gregoire* XIII. le ſuivit l'an 1584. le P. *Baptiſte Piſaurie* alla au méme Royaume envoyé de *Sixte* V. qui obtient en la celebre Ville de *Machao*, un Convent pour la demeure de ces Confreres, y faiſant batir une Egliſe, & ſi bien, que luy, & ces Religieux y commencerent heureuſement d'y faire valoir leurs offices. Ie ſaulte le recit du Pere *VVadinge ad an.* 1370. & celluy du R. Frere *Hierome Plate* de la Societé de IESV *lib.* 2. *de bono ſtatu Relig. cap.* 30. touchant le fruict abondant faict

par

par le Pere *Guillaume Pratus*, Religieux Franciscain, envoyé dans ces
lieux par le Pape *Vrbain* V. l'an
1370. crée Evesque de *Cambalu*, &
Vicaire de *Cathay*, qui alla en ces
pays accompaigné de 70. Religieux
de son Ordre, car le Pere *Trigaut*
Religieux de la mémeSocieté mon-
tre *lib.*4. *cap.* 13. *& lib.* 5. *cap.* 12. *de*
Christ.exp. apud Chinas, que *Cathay* est
la *Chine*. Le méme Pere *Trigaut* dit
*lib.*1. *cap.* 11. que le Pere *Ricius* arri-
vant en *Chine*, decouvrit les traces
du Pere *Guillaume Prate*, & de ces
compaignons, & celles du bien-heureux Pere *Iean de Monte Corvino*, Archevesque de *Cambalu*, Vicaire Plenipotentier, & Nonçe du S. Siege
en ces pays Barbares, qui a été le
premier (comme nous avons montre) apres S. *Thomas*, qui prescha à
ces infidels la foy Catholique. Le
méme Illustrissime Prelat, ordonna
plusieurs Evesques de son Ordre,

aux lieux circumvoysins de *Camba-lu. Miræus de statu Relig. per Europ. l. 2. cap. 11.* advouë que *Cathay* est le Royaume de la *Chine*, & que *Cam-balu* a changé de nom, & s'appelle aujourd'huy *Pequin*.

§. IV.

De la conversion du Iapon.

LE Pere *Rapinæus Hist. Recol. de ca. 11.* raporte fidelement la con-version de ce puisant Royaume, il dit que ce Royaume a eté premiere-ment illuminé en la foy par les ze-leuses Predications de S. *François Xa-vier*, & par consequent il merite qu'on l'appelle Apótre du *Iapon*. Les Peres de la Societé en furent chas-sez, & tous les *Portugais*, & ensem-ble la foy de Iesu Christ l'an 1592. Les *Portugais* residans en la Ville *Ma-nila*, capitale des *Philippines*, envo-yerent

yerent le Pere *Iean Iobus* Dominicain , pour moyenner leur retour
aux *Iapon* , mais fon voyage fut in-
terrompu, étant aretté prifonnier en
chemin. Les mémes Portugais voulans pouffer les affaires , deputerent
le bien-heureux Pere *Piere Baptiſt*
Francifcain, pour y aller, mais il fit
fes excufes , allegant la Bulle de
Gregoire XIII. qui defent expreffe-
ment à tous Religieux , & Ecclefiaftiques (exceptez les Peres de la
compagnie de Iefus) de prefcher
l'Euangile en ce Royaume. Ces excufes occafionnerent l'affemblée
des deux états des Ecclefiaftiques, &
Civil , qui apres le profond examen
de cétte affaire , conclurent que la
prefente occafion n'étoit pas defen-
duë en la Bulle Papale , pour trois
raifons. La premiere, par ce que *Six-*
te V. avoit privileg² les Religieux
de S. *François*, d'un congé General,
& illimité de prefcher l'Euangile
par

par toutes les *Indes*, privilege plus
nouveau que celuy desIesuites, donné par *Gregoire* XIII. La seconde encore, que le privilege des Peres de
la Societé eust en lieu, nous n en-
voyons pas ce Pere au *Iapon* en qualité de Predicateur, mais en qualité d'Ambassadeur. La troisiéme que
l'Ambassadeur du *Iapon* avoit asseuré les *Portugais* que l Empereur son
maistre prédroit du playsir de traitter avec ces pauvres Religieux de-
chaux, qui mesprisent les richesses
sur touts les Religieux du monde,
mespris qui les rendra tres-agreable
à son maitre. Ces raisons firent con-
sentir au Pere *Baptiste*, à accorder la
demande des *Portugais*, il partit donc
pour céteCommission l'an 1543. en
compagnie de trois Peres de son
Ordre, étant descendu au port : le
Gouverneur le volut mener ceremo-
nieusement au Palais comme Ambassadeur des *Philippines*, lequel in-
conti-

continent refusa l'honneur, comme
chose indecente à sa profession, & y
alloit à pied. Etant introduit en la
Sale d'audience, l'Empereur le fist
aprocher, lequel considerant sa modestie de sa foy , & de ses gestes, la
rigeur, & la pauvreté de son habit,
la mortification en la nudité de ces
pieds, le mespris de richesses, des
honneurs, & l'image des vertus, en
sa posture, dict à ses assistans, voicy
de vrays Chrestiens. Le Monarche
beaucoup satis-faict par le veuë, se
contenta aussi merveilleusement en
la personne de ce venerable Pere;
car apres avoir saluë, l'Empereur il
se mit en posture, & haranga, si puissament par discours liez , paroles
graves , & persuasions efficaces, ex-
poisant la raison de son Ambassade,
& l'instruisant de sa demande , que
l Empereur accorda la paix pour
les *Portugais*, & la liberté pour les Peres de la Societé , & tous autres, de
rentrer

rentrer en ſon Empire : depuis fa-
miliariſant avec l'Empereur, il prit
l aſſeurance, de ſolliciter quelque
retraitte pour luy, & ſes Confreres,
lequel luy accorda, & luy offrit des
revenus ſuffiſants à leur nouriture;
le Pere reçeut humblement l'un, &
refuſa courtoiſement l'autre, cauſe
de l'etonnement de l'Empereur, &
d'en plus grand reſpect pour ces
ſainCts Peres, auſſi toſt il donna la
charge au Gouverneur, de marquer
quelque place, pour y dreſſer la demeure des Religieux, il la fit en la
Ville de *Meaco* Capitale de l'Empire, premier Convent des Peres de *S.*
François, en cet Empire : l'ahantiſe,
& la vie exemplaire de ces Religieux
miroirs des vertus plut tant au po-
tentat de cétte Iſle, qu'il ſe rendit
leur amis, & leur protecteur en toutes choſes. Le Pere Provincial des
Philippines, étant informé du progrez favorable du Pere *Baptiſt* au
Iapon,

Iapon, luy envoya du secours de 4.
Pères, qui y augmenterent les ho-
spitaux, & y gaignerent grand nombre d'ames. Les *Barbares* s'etonne-
rent de leur vertu, & principalement,
qu'ils étoint les ennemis des inte-
rests du monde, méme l'Empereur
qui avoit grand esprit, estima fort
cét Ordre, & loüa sa Regle. Le S.
Religieux *Pierre Baptist*, partit de
Meaco, pour *Ozaca*, ou il impetra la
demeure pour luy, & ses confreres,
comme il fist à *Nangarachi*, peu depuis au dernier lieu de sa demeure
s'esmeut quelque broulion trou-
blant le repos des Catholiques, y
excitant une persecution sanglante,
le 5. Fevrier l'an 1596. laquelle en-
leva du monde le bien-heureux Pere *Iean Baptiste*, cinq Religieux de
son Ordre, 3. Iesuites, & 15. du
tierse Ordre du Pere Seraphique, les
transplacant en la gloire eternelle.
Vrbain VIII. les declara vrays Martyres

tyres, & permit de celebrer leurs
Feftes. Depuis le trefpas de ces
Martyres, il s'en eft veu beaucoup
d'autres de noftre Ordre, entre autres l'an 1622. celuy d'un enfant
de S. *François*, natif de *Nivelles* en
Brabant, appellé *Richard* de S. *Anne*,
admirable en fon genre, puis qu'il
finit fa vie par le feu, au moyen duquel il paffa dans le refrigere eter-
nel.

§. V.

De la Converfion du Royaume Voxu au Iapon.

LEs Religieux de S. *François* ont
conquétte des ames en tres-
grand nombre du cofte *d'Orient*, &
du *Iapon*, le Reverend Pere *Louys Sotelo* en étoit le principal inftru-
ment, qui parcourut le Royaume de
Voxu l'an 1616. ou d'abord il con-
vertit

vertit le Roy *Idatis Massamune* , &
depuis tout le Royaume, y renversa
en peu de temps 800. simulacres.
L'Ambassadeur que le Roy envoya
à *Paule* V. l an 1613. témoignent en
ses lettres cette glorieuse conquétte.
Flavius Cherubinus en recite la te-
neur à la fin de ses œuvres , & voicy les paroles : Vn chacun cognoit
le progres de la foy Catholique, au
Iapon, procuré par le R. Pere *Louis*
Sotelo , & ses Confreres Religieux
de l'Observance. Le Roy de *Voxu,* la
envoyé par le noble Chevalier *Fa-*
xicura Rotuyemon de la maison *Saie,*
en qualité d'Ambassadeur extraor-
dinaire au Pape *Paule* V. luy presen-
ter ces lettres. Tres-sainct Pere , le
Reverend Pere *Louis Sotelo* , étant
arrivé en mon Royaume, m'est venu voire, & prescher les loix des
Chrestiens,il m'a developé plusieurs
mysteres ,lesquels ayant attentivement consideré , j'ay trouvé qu'il
accor-

accordent fort avec la verité , & si
je n'estois detenu pour des conside-
rations humaines , des maintenant,
je me rendrois Catholique , mais
puis qu'il est ainsi,je veu neantmoins
que mes subjects se facent Catholiques, & pour effectuer mon dessein,
je prie voftre Sainéteté de m'envoyer des Religieux de l'Observance de *S.François*,que je cheris, & honore sur tous autres, &c. Il demande aussi en la poursuite de la lettre,
un Evesque pour Gouverneur spirituel de son Royaume , se persuadant que son authorité , & son zele
causeroint la totale conversion de
ces Princes. Le Pape crea le Pere
Sotelo Evesque, & son Vicaire, mais
retournant au *Iapon* , il trouva que
les envieux , & les Chrestiens trop
interressables , luy avoint semé des
espines , & des facheries admirables,
de quoy il se plaint par sa lettre, ad-
dressée au Pape *Vrbain* VIII. escrite
en

en la prison du *Iapon*, j'en garde la
Copie. Le P. *Sotelo* avoit passé plusieures furieuses bourasques de la
mer, & de la fortune, devant qu'il
abordast aux *Philippines*, mais il y
trouva encore celle de ses envieux,
la plus furieuse, retardant en son
voyage, & sa residance tant desirée
du Roy, & de tout le Royaume : le
compaignon de son voyage le Chevalier *Faxicura* voyant ces empeche-
ments inevitables, conclut à son
grandissime regret, de se separer de
son Apostre, & de se retirer en *Ia-*
pon ; y étant arrivé, il y fut receu
splendidement, & rendit au Roy
compte de son Ambassade, mais la
satisfaction du Roy étoit imparfai-
cte pour l'absence de son Apostre.
Il remua tout pour le voir en son
Royaume, mais en vain, raison d'u-
ne affliction reciproque entre le
Roy, & le R. Pere : il tenta pourtant
fortune, il se deguisa en habit secu-
lier,

lier , se mit en la compagnie de l'E-
vesque de *Sigovie* , & partit des *Philippines* , en intention de tirer droit
au *Iapon*, il y aborda du costé *d'Occident* , troublé par la cruelle persecution contre les Catholiques , mais il
y fut trahy de quelques perfides,
emprisonné , condamné d'achever,
& son voyage , & sa vie par le feu,
instrument de son martyre. L'an
1624. le 25. d'Aoust. La mort de
cét Apostre ayant frappée les oreilles
du Roy, *Idates Messamune*, causa , & à
luy, & à tout son Royaume un dou-
leur inconsolable, regrettant au pos-
sible la perte d'un si zeleux Apostre ; mais je me persuade qu'il les
protege maintenant comme Pere,
& les garde comme un Evesque, les
assiste comme un Sainct , les encourage comme un Martyre, & les illumine comme un Apostre.

CHA-

S. S. Berardus, Petrus, Accursius, Adiutus, et Otto primi ex ordine minorum in Africa martires.

CHAP. V.

Du profit spirituel que l'Ordre de
S. François a faict en Afrique.

§. I.

Du Pays de Maroque, & des premieres
Martyres de l'Ordre Seraphique.

Es Freres Mineurs extre-
mement jaloux de la gloi-
re de Dieu, du salut des
ames, & desireux deffen-
dre son Eglise, employerent leurs
bons exemples, & leurs Predications
Apostoliques, & mémes leurs sang,
à ces desseins en Afrique. S. *Fran-*
çois monstra le chemin à ses enfans
l'an 1219. preschant la loy Chrestienne, devant le Soldan *d'Egypte,*
qu'il obtient pour ces Religieux,
la liberté de promulger la foy de

F 3   Iesu

Iesu Chrift , par toutes les Provinces de fon Empire. Devant que le
S. homme entreprit le voyage *d'E-*
gypte , il avoit commandé pour Maroque le R. Pere *Berard*, & quatre
autres de ces Difciples : y étant arri-
vez, ils monftrerent que la loix de
Mahumet étoit remplie d'abfurditez,
& celle de Iefu Chrift, faincte : ils
perfifterent en cét office jufques au
dernier foufpir de leur vie , qui fut
cotté par le Roy méme. Ces Saincts
Religieux font les premieres Martyres de l'Ordre de S. *François*, le
Ciel approuva, & devant, & apres
leur trefpas, la verité de leur Doctrine , favorifant ces SS. Martyres
de plufieurs miracles, auffi chaftia
rigourefement l'ingratitude de ces
aveugles, qui pour une vie fpirituel-
le de l'ame, que les SS. Martyrifez
leur avoint prefentéz, ces mefchants
les payerent par mort. Mais le Ciel
les vengea par une fechereffe de 8.
ans,

ans, qui steriliza la terre, la peste de-
peupla les places des habitans, une
maladie incurable secha les bras, &
tout le costé droit du Tyran, qui a-
voit bourelé les SS. Martyres, cét
chastiment si sensible guerit les aveugles Idololatres, car voyans l'inju-
stice de leur faute, concurent à
grosses troupes au lieu du supplice
des Martyrisez, detestans leur crime,
demandans pardon de leurs offen-
ces. Les SS. ayant pitié de ces miserables, impetrerent une pluie abondante, & fertilité, qui enrousa subi-
tement toute la terre. Le Roy con-
sideroit attentivement tous ces pro-
diges, & les trouvoit suffisants pour
croire que la Doctrine preschée de
SS. Martyrisez étoit veritable, &
pour cela il permit en son Royaume, parplantant l'exercice de la Religion Chrestienne, à condition
qu'elle seroit perpetuellement gouverné par un Evesque de l Ordre de

F 4 *S. Fran-*

S. *François.* *Gregoire* IX. ſatis-fit à
cétte condition, qui envoyant le R.
Pére *Ange* , apres la ſucceſſion en
l'Eveſché *Maroque*, eſt demeuré long
temps à noſtre Ordre , juſques à la
grande perſecution, qui envoya pluſieurs Peres de S. *François* au Ciel,
par le Martyre. La ſaincte Egliſe en
celebre la Feſte de ſept le 12. d'O-
ctobre , & des cinq Apoſtres de l'*A-
frique* , dont nous avons parlé, leſ-
quels ont été couronné l'an 1220.
le 16. Ianvier.

§. II.

La cognoiſſance des Iſles Canaries.

L A Religion du Patriarche des
pauvres, tous-jours pourſuivant
ces triumphantes conquéttes aſſujet-
toit l'an 1450. les Iſles *Canaries* à Ie-
ſu Chriſt leur Seigneur legitime. S.
Didac y alla comme Gardien, gouverner

ner ces Freres , mais employa la
meilleure parte de ſes travaux à
convertir les reliques des Idolatres. La multitude de ces miracles
manifeſta depuis ſa ſainĉteté , &
Sixte V. l'approuva à l'inſtance du
Roy Catholique.

. III.

De la Converſion du Royaume de Con-go, & autres Iſles.

LE puiſſant Royaume de *Congo*
étant decouvert des *Portugais,*
au temps de *Iean* Roy de *Portugal,*
pluſieurs Freres Mineurs riſquerent
ce grand voyage, & y firent un progrez ſi favorable, qu'ils ſubjugerent
tout le Royaume , baptiſerent le
Roy, la Royne , leurs enfans, Princes, gentil-hommes , & nombre infini de la populace. Le Roy eſtant
ſollicité par ces Religieux Apoſtoli-

F 5 ques,

ques, fit renverſer les Temples des
demons, bruler les idoles, edifier
des Egliſes aux Catholiques, des
Cloiſtres aux Religieux, & principalement aux Freres Mineurs. Le
Pape *Vrbain* VIII. y envoya 12.
Freres MineursCapucins l'an 1645.
ils y travaillent juſques au jour-
d'huy.

Le R. Pere *Laurent Baurevius* chaſ-
ſa la tyrannie du diable de l'Iſle
Scotoria l'an 1505. & y planta la liberté Catholique, conſecrale Tem-
ple des Mores à noſtre Dame de *Vi-
ctoria*. *Gonzage*, & *Maffeus* en diſent
d'avantage, & en parlent plus amplement, y renvoye le Lecteur. Les
Freres Mineurs fidels ouvriers pour
la S. Egliſe, travaillent utilement
aux Royaumes de *Moxembique*, *Ari-
gola*, & aux Iſles de *Capoverde*, les
fruits en ſont enregiſtrez par les Autheurs mentionez.

C·H·A-

S. Francisco Atlanti Seraphico
Vnus non suffficit orbis.

P. Froures del   P. Bouvoot scul.

CHAP. VI.

Du grand profit que l'Ordre Seraphique a faict au nouveau monde, dit l'*Amerique*, & y faict jufques aujourd'huy en la Conver-
fion des ames.

§. I.

Du cofté feptentrional du nouveau mon-
de de Mexique, Mechiocan, Xa-
lifco, *&c.*

LEs entreprifes raportées
aux precedents Chapitres
font glorieufes, mais *Hie-*
rome Plate Iefuit l. 2. c. 30.
de bono ftatu Relig. dit, que celle de
fubjuger tout le nouveau monde,
les furpaffe en mille degrez. Tous
les Hiftoriens, tant domeftiques que
etrangers (*Platus fupra f. ana. Lopetius*
lib. 1. Hift. cap. 14. Ovitenfis lib. 2. c. 5.
&

& pluſieurs autres) donnent cette gloire aux Freres Mineurs, & diſent, qu'ils ont ouverts les portes à
céte abondante moiſſon, y ont faict
entrer les ouvriers, & ont commencé
cét ouvrage illuſtre. Les Religieux
de S. *François* n'ont pas ſeulement
l'honneur qu'ils ont etez les premiers entrepreneurs de ce dange-
reux voyage, & de preſcher l'Euangile en ces lieux, mais qu'ils ont
beaucoup contribué à decouvrir, &
le chemin, & ce monde incognu
juſques à lors dedans *l'Europe.* Quand
Chriſtophore Columbe traverſa la mer
l'an 1493. c'étoit en compagnie de
P. *Iean Perotius* Franciſcain, & autres
Religieux de ſon Ordre. Le Pere
étant abordé en l'Iſle de *Hayto,*
maintenant *Eſpagniola,* y edifia une
petit Cabanne, y dreſſa un petit Autel, & y celebra la premiere Meſſe
du nouveau monde. *Chriſtophore Co-
lombe* y fit batir un beau Convent
pour

pour les Freres, & fut le premier de
l'*Amerique*, ses Religieux de ce Convent de S. *François* s'elargirent par
tout le nouveau monde, conquet-
tans une infinité des ames en cha-
que lieu. L'Empereur *Charles* V.
l'an 1520. subjuga le riche Royaume de *Mexique* par ses armes, & les
Freres partirent de leur Convent
pour les faire obeir à Iesu Christ. Si
je m'enbarque icy à raporter les travaux, & les succes de ces Religieux,
j'ay peur de me perdre en une mer
sans fond, & sans rive ; pour cette
raison je me veux appuyer sur quelques copies des lettres escrites, méme de ceux qui se sont employez à
ces hautes entreprises. L'Empereur
Charle porté d'un grand zele,
pour établir l'authorité du S. Siege
en ces nouveaux Royaumes, y envoya du Convent des Freres Mineurs de *Bruge* en Flandre, le R.
Pere *Iean de Tecto*, le P. *Iean Aora*, &
le

le devot F. *Pierre de Muro*, autrement
Pierre de Gand, qui donna l'an 1529.
cétte missive à ces côfreres du pays-
bas. Les habitans de ces pays sont de
bonne humeur, d'une inclinatiõ fort
disposé à reçevoir la foy Catholique, mais elle est fort servile, & ne
fait rien que par rigeur; l'amour, & la
douceur n'ont point d'Empire sur
leurs ames, mais comme je remarque,
cétte humeur servile se fonde plus en
la costume, qu'en la nature, car ils ne
sont pas accoustumez de faire quelque action honéte pour la vertu,
mais par crainte. Ils font tout leurs
sacrifices, comme d'immoler leurs
enfans, non pas parce qu'ils ayment
leurs Idoles, mais parce qu'ils crai-
gnent les diables, que ce pauvres a-
veugles adorent. Leurs Idoles sont
en telle quantité, qu'ils en ignorent
le nombre, leur creance est si frivole,
qu'ils tiennent pour article de foy,
que toute chose est gouvernée par

sa

sa divinité particuliere, pour cétte
raison ils adorent le Dieu du feu, le
Dieu de l'air, le Dieu de la colleu-
vre, le Dieu de la femme de colleu-
vre, le Dieu des Lapins, &c. La
plus part de leurs Dieux portent de
noms des serpents, & des colleuvres,
les uns sont les Dieux des hommes,
les autres de femmes, les uns des enfans, les autres de tout ce bas monde. Et comme les Dieux sont diffe-
rents, & en si grand nombre, ainsi
les sacrifices, ils immolent à leurs
immortels les cœurs des enfans, le
sang, le corp entier, encens, papier,
vin, bierre, & autres choses semblables, selon leur costumes, & facons
requises du Diable., & s'ils mesprisent ou negligent les sacrifices re-
quis du diable, ils en portent le peines, la mort du corps, & de l'ame,
& par consequent les sacrifices ne
sont pas sacrifices d'amour, mais de
crainte, & de rigeur. Les Prétres, &
les

les Religieux de leurs Idoles , &
Dieux imaginaires, y sont en grand
estime, qui ne mangent que la chair,
& ne boivent que le sang des enfans, leurs miserables victimes. Il y a
une sorte des Prêtres, qui se prive
totalement de la familiarité des
femmes , mais ils abusent des enfans
de six ans, peché si familier en ces
Royaumes, que non pas seulement
les vielars, mais mêmes les enfans de
six ans , en sont miserablement
infectez. Mais graces à Dieu , plusieurs cognoisans l'enormité de ces
crimes , les detestent maintenant , &
embrassent la foy Catholique , demandant instament le S. Baptesme,
& moy avec mes confreres , nous en
avons baptisé en la seule Province
de *Mexique*, plus de 200 mille , ouy
le nombre en monte si haut , que je
l'ignore moy même : nous en avons
quelque fois baptisé 14 mille en un
jour , quelque fois 10. & quelque
fois

fois 8. mille. Chacque Province, place, & parvise a son Eglise, ces Cha-
pelles, peintures, croix, bannieres,
marques evidentes de la devotion
du peuple. Nous travaillons sans repos en la conversion des infideles,
chacun à la mesure, & la capacité
de ces freres. Mon office est à enseigner, & prescher, aussi bien de nuict
que de jour, de jour j'enseigne la
jeunesse à lire, escrire, & chanter,
de nuict j'explique le Catechisme,
& les costumes, & ordonnances de
l'Eglise. Et puis que le pays est
grand, le peuple infini, & les Peres
de nostre Ordre en petit nombre, &
incapable de tout faire, nous ra-
massons chez nous les enfans des
Princes, & des principaux du Royaume, les instruisans soigneusement
en la foy Catholique, lesquels depuis le communiquent à leurs parans Idololatres, les convertissent ou
les disposent pour le moins à recevoir

voir le S. Baptefme. Ces enfans fça-
vent maintenant lire, efcrire, chanter, prefcher, & celebrer l'office divin comme les Prêtres, il font foubs
ma conduite en la Ville de *Mexique*,
en nombre de 1500. ou plus, j'en ay
feparé 50. tous grands efprits, &
les apprens toutes les femaines, ce
qu'il faut prefcher le Dimanche,
car fes enfans fortent pour tout les
Dimanches de la Ville, jufques à 4.
8.10. 11. ou 12. lieux d'icy, & an-
nuncient la foy avec tant de zele, &
de profit, qu'ils nous ammennent
beaucoup du monde au baptefme.
Nous allons quelque fois par les
pays accompaignez de nos enfans,
& rompons, brifons, renverfons les
Temples, & les idoles, & faifons
batir des autres au Dieu vivant
createur du monde. Voyla nôtre
exercice en ce pays barbare, qui ne
nous permet autre repos, jour, &
nuict, que le changement de nos affaires,

faires, & tout pour nostre but, le salut des ames. Donné en *Mexique* au
Convent de S. *François* le 27. Iuin
l'an 1529. Ce sainct Religieux, encor qu'il n'avoit pas les estudes, il
étoit pourtant grand artisan, & a
faict parmy les peuples des *Indes*, ce
que le plus sçavans ne peuvent espe-
rer. Il a éte le premier qui ouvrit les
escoles au nouveau monde, y enseigna la jeunesse, à lire, escrire, chanter, toucher les instruments, char-
penter, massonner, forger, tailler,
coudre. L'Empereur *Charle* V. en
recompense de ses travaux, le vou-
lut faire Archevesque de *Mexique.*
Le nonce du Pape *Paule* III. au Chapitre General, sollicita ce sainct Religieux de changer sa condition, &
de se faire Prétre, mais il ne s'y pouvoit jamais resoudre, trouvant tousjours des excuses, estimant plus sa
condition, & l'humilité que la Pré-
trise, & la dignité Episcopale. Il per-
severa

severa en ces exercices , y deſſus
mentionéz ,juſques à la fin de ſa vie,
qui étoit l'an 1572. apres avoir fi.
delement , & utilement ſuë aux *In-*
des l'eſpace de 50. ans, ſon corps
fut enſeveli en la Chapelle de S. *Io-*
ſeph, chez les freres de ſon Ordre, il
y eſt fort renommé , & reveré en
recognoiſſance de ſon zele , & de ſa
vie Apoſtolique.

§. II.

Pourſuite du méme ſujet.

LE R. Pere *Martin de Valence*, accompaigné de 12. de ſon Ordre Seraphique, ſuivit le devot F.
Pierre de Gand en ces divins exercices. Ec peuple de *Mexique* ne cognoit autre pour Apoſtre, que le Pere *Martin de Valence* , non pas pour a-
voir été le premier des Religieux,
qui aborda les *Indes* , mais parce qu'il
étoit

étoit le premier legat Apostolique,
le premier Vicaire du souverain
Pontife, & le premier qui exercice
parfaictement l'office d'Apostre.
Thomas Bosius me fornit la preuve *lib.*
12. *de signis Eccl. sig.* 57. en ce discours: *Martin de Valence* étoit Religieux de grande saincteté, desirant
de porter la lumiere de l'Euangile
aux peuples, & nations perduës, &
esgarees dans le brouillars, & les tenebres de l'infidelité, s'enbarqua a-
vec douze compaignons de son
Ordre l'an 1524. le 25. de Ianvier,
& arriva deux jours devant la Pēte-
coste au porte de S.*Ian* au Royaume
de *Mexique*, ils y firent des merveilles en la Conversion des Idololatres
fort adonnez au culte des demons, il
distribua ces confreres en plusieurs
Provinces, & y baptiserent chacun,
plus de 100 mille personnes; de ce
grand nombre, plusieurs se voulans
perfectionner, professerent la regle
de

de S. *François*, & *Surius* dit , que le
nombre des baptiſez monte juſques
à 7. & les autres juſques à 14. millions d'ames. La lettre du Pere *Martin de Valence* écrite au Pere Com-
miſſaire *Matthias VVenſſen* de l'Ordre
Seraphique , nous en dira la verité:
Nous nous trouvons (dit il) à l'extremité du monde , nos enfans, &
nos ſubjects , ont commencé les
premiers d'y ſemer le S. Euangile,
& non obſtant , que la terre y ſoit
aride , la divine ſemence , pourtant
y a prins racine , & commencé à
croiſtre, car je dis la verité , non pas
d'avantage qu'il en eſt , nos enfans
y ont baptiſé , plus de 10. cent mille
Indiens , il n'y en à pas un des douze qu'il n'en aye baptiſé pour ſa
part 100 mille. Ils parlent tous hor-
mis moy la langue *Indienne*, ouy meſmes pluſieures differentes , il preſchent, catechiſent, & enſeignent u-
ne infinité de peuple, les jeuns Princes

ces qui ſont ſoubs noſtre Diſcipline,
augmentét nos eſperances,& animét
les Religieux à les inſtruir,& à n'e-
ſpairgner aucune peine; nous les faiſons demeurer en nos Monaſteres,
qui ſont 20. en nombre, mais ils ſe
multiplient tous les jours par la devotion du peuple : nous en logeons
dedans nosColleges que nous avons
faiɗ battir proche de nos Convents,
500. quelque fois moins, quelque
fois plus, & combien qu'ils ſoient
encore d'enfans, il ſcavent maintenant le plus neceſſaire de la foy Catholique. Ces enfans enſeignent les
autres, & preſchent à leurs parens,
meſme quelque fois publiquement
aux peuple d'un façon fort admirable. Pluſieurs d'eux enſeignent aux
autres enfans le chant, & chantent
tous les jours les heures de noſtre
Dame, ils s'elevent de nuiɗ avec les
Religieux pour les matines,les chantent gratieuſement, & de jour la

Messe fort solemnelle, ils ont la memoire fort heureuse, l'esprit subtil,
la volonté prompte, sont paisibles,
le discorde ne se trouve jamais parmy eux, ils parlent modestement, &
les yeux en terre. Les femmes y font
des miroirs de tout honnesteté, &
extremement vertueuses, se confes-
sent purement, & clairement au pos-
sible, frequentent tres-devotement
la S. Eucharistie, reverent, & estiment grandement les Religieux,
mais sur tous, ceux de nostre Ordre, étans les premiers qu'ils ont cognus, & les edifient par la vie exemplaire. Donné au Convent des Freres Mineurs à *Thalmanala*, proche la
grāde ville de *Mexique*, le 12. Iuin, l'an
1,31. Chose étrange, j'emprunte les
paroles de *Florimond Raymond l.1.c.4.*
consideré, je vous supplie, *Martin* le
Moyne (je veux dire Luther) qui
tonne, qui fulmine, & vomit fer, &
flames, & ne respire que la ruine de
la

la S. Eglise en *l'Europe* , un autre
Martin Moyne de l'Ordre de sainct
François , premiere Vicaire du siege
Apostolique , seme l'Euangile au
nouveau monde , & consacre toutes
ces sueurs à battir la nouvelle Eglise. O providence admirable! & que
Dieu est incomprehensible en ses
effects! sept ans apres que Luther,
ce Moyne furieux,& detestable eust
semé ses erreurs pestilentes , *Martin
de Valence* enfant de S. *François*,esclat-
te dans les *Indes*,comme un nouveau
soleil ou il illumine les assis à l'ombre de la mort , y introduit la loy
divine, meprisée, & rejetté des Ale-
maignes. Cet R. Pere reçeut la recompense de ses travaux l an 1534.
prevoyant la fin de sa vie , il pria ces
Religieux de le mettre en terre , sur
la quelle etant à genoux , ces mains
eslevées au Ciel , il rendit son ame.
Il tesmoigna quelque resentiment de
tristesseen son depart de ce monde,

G 2   de

de ce qu'il mouroit si doucement,
& non pas sur quelque rove ou à un
gibet, pour l'amour de celluy, qui
pour luy étoit mort à la Croix. Les
Religieux porterent son corps à
Thalmanalco, & l'enfevelirent au
milieu de la grande Chapelle du
Convent de S. *Louis* : Vn peuple in-
nombrable assista à son enterrement,
attiré par sa saincteté, & par les miracles, qui continuent encores jufques aujourd'huy dedans ce lieu.

§. III.

Continuation du même sujet.

IE ne puis poursuivre nostre pro-
ject avec plus d'asseurance, qu'al-
leguant les lettres des tesmoings o-
culaires, en voicy une qui monstre
la succession des Freres Mineurs en
cette action charitable, c'est celle de
l'Illustrissime Pere Frere Mineur

Iean

Iean de Zommarraga, Archevesque de la Ville de *Mexique,* appellé *d'Abraham Ortelius,* la Royne du nouveau monde. On celebra la congregation generale de l'Ordre de S. *François* en la Ville de *Tolose,* le Pere Illustrissime *Zommarraga* ne s'y pouvant trouver en personne, s'y trouva par lettres, donc voyci la copie: Reverends Peres en Iesu Christ, sachez que les peines que nous rendons icy, en la conversion des infideles, sont extremes, toute-fois agreables, & tres-volontaires, puis que nous experimentons qu'elles sont fructueuses, car par la grace de Dieu, nos Peres ont baptisé plus de 100 mille personnes, ont ruiné 500 Temples des Idoles, bruslé plus de 20 mille simulacres des diables, adorez de ce peuple affollé, y ont edifiez les Eglises, consacré des Oratoires, planté des Croix fort reverées au x *Indes.* Mais de quoy le plus sage se peut éton-

G 3   ner,

ner, c'est, que ce peuple de la Ville
de *Mexique* stupide , & follastre accoutumé de consacrer tous les ans
au diable plus de 20 mille cœurs
d'enfans, tant de masles, que des fe-
melles , mais ils sacrifient maintenant par l'instruction de nos Religieux , leurs cœurs au Dieu vivant , les evaporans par souspirs,
les rendans par action des graces,
les presentans par prieres continuelles, & les distillans par larmes peni-
tentes, &c. A *Mexique* l'an 1531. Ce
S. Prelat envoyé aux *Indes* de *Char-*
les V. Empereur , succeda aux autres saincts Peres , dont nous avons
parlé tant en leur ministere , qu'en
leurs travaux , cherisant les infideles
plus qu'une mere ces enfans. Il s'exposa aux persecutions , & perils e-
vidents de sa vie , pour maintenir la
liberté Ecclesiastique, & il finit ces
jours l'an 1548. trop courts à la verité pour ces enfans, passionnez pour
leur

leur Pere, mais affez longs pourtant, pour obtenir la couronne de Iuftice. Son corps affranchy de la corruption, preuve que fon ame eft glorieufe.

§. IV.

Pourfuite du même fujet.

LE precedant Paragraphe abbrege le zele du grand Archevefque de *Mexique*, mais il n'explique pas totalement les effets de fon travail, ny de fes predeceffeurs employez aux mémes affaires, pourquoy le R.me Pere *François de las Cafas*, Dominicain, Evefque de *Chiape*, remediera à ce defaut en le traité qu'il dedia à l'Empereur *Charle* V. il dit donc, que ces Freres Mineurs affoibliffent tellement le party du diable, & fortifient celluy de la S. Eglife, qu'il ont attiré plus de 20 millions

lions

lions d'hommes qui se sont rangéz soubs les drapeaux du sauveur du monde. *Surius* à l'an 1558. le confirme, & devant luy, *Amand Ziricheus* à la fin de son Histoire, raportant les actes de l'Empereur *Charle* V. environ l'an 1519. il ne se faut pas beaucoup se méttre sur le raisonnement pour deduire le fruict inexplicable, faict par les Freres de S. *François* en ces Royaumes, ny tant multiplier, puis qu'ils en ont faict des si admirables, & quoy qu'on trouve en si petit nombre les Religieux de S. *François*, ils s'y sont pourtant si fort multipliez, qu'il y ont erigé 18. Provinces, 12. Custodies, 500. Convents, & Colleges, innombrables escoles pour la jeunesse, je ne demande autres témoings que les oculaires : *Anthoine Dara* nous dira ce que s'y passe, *lib.* 2. *cap.* 4. *pag.* 16. Les Freres Mineurs se sont elargis comme un essein des

mouches

mouches par les Royaumes *Mechiocan*, *Palisco*, baptisant premierement le Monarche de *Sinsichan*, & l'appellant *François*. Ils ont depuis semé la foy en *Cibola*, *Zaratecas*, *Gasteca*, *Chichimecas*, *Iucatan*, &c. Et ont été les premiers decouvreurs, & habitans des pays de *Virginia*, *Florida*, & *Canada*, l'an 1600. Plusieurs Freres Mineurs de la Province de S. *Denis*, sont souvent sortis tant Prêtres que Freres pour visiter les nations barbares, appellez *Ilurones*, *Irocos*, *Canadenses*, *Coronatos*, &c. Et mesmes ont batti une Eglise en *Quebecensi*, au bord de la riviere de S. *Laurent*, ils y fatigent sans relasche pour convertir des Idolatres, & pour distribuer les Sacraments au Marchants François qui y ont établis leur demeure. Leur charité est illimitée, car elle s'étende à toutes sortes de personnes, tant infidels barbares que Catholiques, & voyageont pour mieux gaigner des

ames

ames à Dieu. Mesmes ils logerent
charitablement chez eux l'an 1627.
quelques Peres de la Compagnie de
Iesvs, jusques à ce qu'ils eussent ba-
sti quelque retraitte. Les témoings
de cecy sont *Thevetus Tom.* 1. *Cosmo.
D. Champlain. Charr. c.* 148. 149. 150.
151. 152. *Hist. Gen. Gal.*

§. V.

Des Royaumes de Peru, Brasile, Chili, &c. situez du coté Meridional de l'Amerique.

NOus avons jusques icy legere-
ment touché *l'Amerique* du
côté septentrional, maintenant nous
parlerons du meridional, le floris-
sant Royaume du *Peru*, est renommé par tout, pour l'or, & l'argent
qu'on y trouve en abondance. Les
livres en raportent tant de merveilles qu'elles semblent du tout in-
croya-

croyables. *Atabalipo* Roy de *Peru*, étant surmonté, & pris des Espaignols, offrit pour ranzon de remplir sa prison d'or, la hauteur de sa personne, elevant les bras à toute force, hossant les pieds, pour faire sa taille plus grande. La place étoit longe de 22. pieds, large de 17. ou bien de remplir la méme place par deux fois d'argent jusques au toict méme. Les soldats conquerans de ce Royaume, changerent les fers de leurs chevaux en or, l'ayant en trop grande abondance. Ce ne fut pas pourtant ny l'or, ny l'argent qui atirerent les Freres de l'Ordre Seraphique en ce Royaume, l'an 1530. pour y eriger une ample Province, & y suer à grosses goutes, mais bien plustost la valeur des ames. La Ville capitale du Royaume est appellée *Lima*, sejour ordinaire du Prince, du Conseil, & de l'Archevesque; le dernier domine long, & large, &

sa

sa jurisdiction s'estend sur plusieurs Eveschez, & entre autres, sur celuy de *Quito*, duquel nôtre Provinçe de *Quito*, tire le nom. L'Illustrissime P. *Gonzaga* en la description de la Province des 12. Apôtres en dit des merveilles. La Ville de *Quito*, est situé sur l'equinoctial, & jouit, selon le sentiment des nos ancestres, d'un air plus froid que chaud, & tres-agreablement temperé, &c. les Religieux de l'Ordre, y batirent un Convent par l'industrie, & la diligence infatigable du R. Pere *Iuste de Rÿcke* (c'est *Pierre Cieca* qui le raport en ces annales du *Peru cap. 12.*) Frere Mineur natif de *Malines* en Brabant, fils du noble Chevalier *Iuste de Rÿcke*, grand veneur de Brabant, & de la noble Dame *Ienne de Marselaer*, le batiment du Cloître ne borna pas son zele, mais l'excita d'edifier une Eglise, il l'entreprit, & l'acheva en peu de temps, &

la

la rendit tres-admirable, & comme
il éttoit Matematichien, & Archi-
tecte, il couvrit induſtrieuſement
cétte Egliſe, non pas d'ardoiſes n'y
de tuiles, mais avec les arcs des *In-*
diens, œuvres certes d'un rare artifi-
ce. Il fit paroítre ſa capacité en toutes les choſes, qu'il entreprit, puis
qu'il ſe perfectionna méme en peu
de temps en la langue ſi étrange,
vray moyen pour communiquer
ces talants au barbares, il fit eſclat-
ter les rayons de ſa charité, & de
ſa Doctrine par tous ces pays, conquétta grand nombre d'ames, &
amplifia merveilleuſement ſon Ordre; car il fit battir parmy ces peuples incivilifez plus de 40. Monaſteres. La lumiere de ce Pere Venerable ne s'ependu pas ſeulement par
toute l'Amerique, mais elle eſclatta
méſmes juſques ſur les plus grands
ſeigneurs *d Europe*; le ſouverain Pontife de *Rome* en fit beaucoup d'eſti-
me.

me. *Philippe* II. Roy *d'Espaigne* pu-
blie suffisament l'affection cachée
au fond de sa poitrine, qu'il avoit
pour le Pere , puis qu'en la missive
qu'il luy addresse , il met au frontis-
spice de cette lettre, A mon Frere le
Frere *Iusto de Rycke* en *Peru.* Certes
ce Pere meritoit bien les honneurs
du monde , pour les rares qualitez
que le Ciel avoit largement versé
en sa personne, mais ce parfaict imi-
tateur de son Pere S. *François*, n'en fit
point d'estime, les foullant tous aux
pieds, & ne voulant rien qui fut peri-
sable , choysisant plustost Iesu
Christ en partage, & recompense de
toutes les peines, car sa divise étoit,
IESVS *est mon tout.* Son ame l'alla
posseder l'an 90 de son age , laissant
au monde sa memoire , qui ne pou-
dra jamais étre ternie ny violentée
par la suite du temps. Le R. Pere
Iean de Vera, Custode de la Province
de *Quito* , envoya de Rome l'an
1621.

1621. au noble Chevalier *Fredericq de Marſelar,* Seigneur de *Parcq,* *Obdorp,* &c. les informations autentiques, faictes par pluſieurs Provinciaux des *Indes* ſur la vie du Reverend Pere mentionné, depoſent unanimement qu'il y eſt reveré comme Apôtre. Il eſcrivit en ſon temps le Catechiſme, pluſieurs oraiſons, & ſermons en la langue *Cuſchoiſe,* en confirmation de tout ce que nous avons touché de la poſte de *Quito*: liſez cétte lettre qu'il addreſſa luy méme l'an 1556. au Pere Gardien des Freres Mineurs à *Gand*: Voſtre Reverence ſçaurat par cétte lettre, que j'ay demeuré 20 ans en la Ville de noſtre Pere S. *François Quito.* La moiſſon de ce pays icy eſt abondante, mais les ouvriers y manquent, toutefois les habitans deſirent paſſionnement la foy Catholique. Pour dechiffrer leurs humeurs, & façons de vivre, il faudroit une lettre tres-ample,

ple, je dis feulement encore qu'il
font barbares, & fans lettres, leur
naturel pourtant les porte à des cô-
tumes affez loüables. Il n'y a point
de pauvres parmy eux, non obftant
que perfonne d'eux abonde, leur
fincerité, & juftice, eft fi punctuel-
le, qu'il furpaffent les autres nations portées aux lettres, fondé feulement par les loix, & reglé par les
cótumes. On n'a pas beaucoup de
peine à leur apprendre la foy Catholique, ils confeffent, & adorent
le Createur de l'Vnivers, mais il
donnent la meilleure partie de l'encens au foleil. Les divinations fu-
perftitieufes, & les vaines obfer-
vances y font en reigne. Ils ont l'e-
fprit affez capable, c'eft pourquoy
ils apprennent facilement les lettres,
& à toucher les inftruments mufi-
caux. Prions Dieu, qu'il luy plaife
d'envoyer des ouvriers à cultiver
cétte veigne. Mes occupations font
                                    telles,

telles, qu'elles ne permettent pas
tant seulement d'écrire cétte lettre
sans les interrompre,& les interesser.
Ie suis le premier Frere Mineur qui
planta sa demeure en la Ville de S.
François, & c'est d'elle que toutes les
Custodies , & Convents tirent leur
origine: j'ay pour compaignon F.
Pierre Gosseal de *Lovain,* professé à
Bruges en Flandre , fort honoré des
Barbares , &c. *Abr. Ort. sce.* 9. *Tit.*
Peru.

§. VI.

Poursuite du mème sujet , & de la per-
fection de la Regle de l'Ordre Sera-
phique.

LEs Freres Mineurs ayant si bien
travaillé à la veigne de Iesu
Christ, comme il est dit dessus , par
tout le *Peru* , allerent l'an 1538. aux
pays *Paraguaya , Guayr,* & ceux qui
sont de deux côtez de la grande
Riviere

Riviere *Plata*, à ſcavoir *Picer*, *Puya*,
Chili, & *Braſil*, tous pays tyranniſé
ſoubs les Imperieuſes inſolances du
Diable, les Franciſcains y mirent
la main à l'œuvre, firent paroître leur
courage, catechiſerent, monſtre-
rent, prierent, & preſcherent, ſe
firent Apôtres de ces Royaumes, le
profit étoit proportioné à leur peines, car il y conquétterent grandiſſime nombre d'ames, & y firent établir les premieres Eveſques, comme
ils ont faict au reſte du nouveau
monde. Et *Thomas Boſius* dit, *lib.* 4.
cap. 3. que *Iean Cabedus* Frere Mineur à été le premier Eveſque de
l' *Ameriq*, mais il eſt hors de propos
de faire icy un vaſte traicté, & de
particulariſer les actes heroiques des
Freres Mineurs, aux quatre cantons du monde. Ie me contente de
les avoir touché en monſtrant la
naiſſance de l'Egliſe au nouveau
monde. Ie pourrois alleguer icy
plu-

plusieurs raisons plausibles, pourquoy les Religieux de S. *François,*
sur tous les autres ont entrepris la
Conversion du nouveau monde, &
ont faict de si belles moissons dans
la S. Eglise, mais la principale à
mon advis est la saincteté de leur
vie, car l'Ordre Seraphiq a été de
tout temps tres-fertil en saincts personnages, les Confesseurs, & les
Martyres, y sont en telle abondance, que personne ne les peut com-
pter, que celuy qui compte les estoil-
les. Il y a 27. Religieux de cét Ordre Canonisé du S. Siege, 606. bea-
tifiez, 3920. vrays Martyres, 1650.
Confesseurs Illustres en Miracles: je
ne parle pas du grand nombre qui
se trouve en la rolle du *Rome,* pour
lesquels ont faict encore les pour-
suites de la Canonization ou beati-
fication par le souverain Pontife.
Certes le nombres des Saincts de
cét Ordre est excessif, mais il n'est
pas

pas encor ſuffiſant, pour faire paroiſtre toute la perfection de l'Ordre Seraphique. Sainct *Vincent de Ferrare*, Dominicain, la témoigne *Serm. de S. Fran.* celuy, dit il, qui obſerve la Regle de cette Religion, eſt ſainct, & quand il meurt, on le pourroit ſans ſcrupule méttre au nombre des ſainds. *Martin Navarre*, Docteur tres-celebre, diſoit, j'honore tellement la ſaincte regle de S. *François*, que je repute ces obſervateurs, pour vrays Martyrs, encore qu'ils ne reſpandent pas leur ſang, *in cap. ſtatuimus* 19. Les paroles du Pape Clement V I I I. authoriſeront noſtre dire : Ie n'aurois jamais faict (dit il) ſi je commencois à canonizer les Saincts de l'Ordre Seraphique.

§. VII.

§. VII.

Comment Dieu honore les valereux com-
battans pour sa gloire.

DEvant que de finir nótre ab-
bregé, il me semble à propos
de parler un peu de l'honneur que
Dieu communique en ce monde à
ces fidels serviteurs jaloux de sa
gloire. L'honneur que Dieu leur a
faict en *l'Europe*, est notoire, je commence donc des pays eloignez, &
premierement des *Indes Orientales*,
qui étants decouvertes, le R. Pere
Iean de Villa Comitis, associé avec plusieurs Religieux de son Ordre, aborda l'Isle de *Zeilan*, & commence à
prescher au Royaume de *Core*, le
Roy voyant la pauvreté de ces nouveaux Predicateurs, encore que barbare, fut touché de pitie, & leur offrit
des richesses, mais ils s excuserent,
alle-

allegans l'obligation de leur regle,
outre que leur voyage, peines,& in-
tentions n'étant pas destinées à ac-
querir de richesses, mais bien des a-
mes, & particulierement celles de
tout son Royaume; le Roy étonné
qu'on trouvoit des hommes au mõ-
de,qui foullient aux pieds les richesses,s'asseura de la verité de leurDo-
ctrine , & confia son heritier de son
Royaume, & sa fille au Pere *Iean*,
pour les instruire, & conferer le S.
Baptesme : le mespris des richesses
authorisa fort les Peres , & attira
puissament les infideles à la foy Catholique, car encor que barbares , il
avoit pourtant l'esprit assé vif, de
considerer que la vie de leursPredi-
cateurs, preschoit aussi bien l'Euangile, que leurs parolles, en effect,
quoy que ces bons Peres,ne se puis-
sent pas bien faire entendre, leur vie
le faisoit suffissament cognoistre. S.
Augustin dit,que le monde est autant
con-

converti par les mefpris de richeffes,
que par la grandeur des miracles.
Innocent III. prophetiza l'efficace
de la vie Francifcaine, parlant de S.
François ; voicy l'homme (difoit il)
qui par œuvres, & paroles fouftien-
dra la S. Eglife. *S. Bonav. cap.* 3. *vitæ*
S. Francifci. Le bien-heureux *Pifanus*
lib. 1. *Tract.* 2. certes ils fouftiennent
la S. Eglife, & auffi tous le freres de
fon Ordre, comme on peut apprendre par ce qui en eft dit, le monde
faict le méme office aux enfans de
S. *François* qu'il font à la S. Eglife,
car non obftant qu'ils fe fojent vo-
lontairement defpouléz de tout bié
temporel, fi eft il pourtant, que le
Ciel rend les fideles fi charitables
qu'ils fournifent ce qui eft neceffai-
re aux Freres Mineurs pour la vie,
miracle tres-grand, & continuel, fort
bien remarqué par les bons Autheurs, & principalement par S. *An-*
tonin, Evefque de *Florençe*, pour ce
grand

grand privilege Apostolique pouvant dire à bon droict, comme l'A-
pôtre 2. *Cor.* 6. *N'ayant rien*, *nous
possedons tout.* Le remunerateur du
bien, & du mal, ne se contente pas
quelque fois de faire son office en
l'autre monde, mais il le faict souvent en celluycy, comme il le montre
evidament à ces fideles serviteurs de
l'Ordre Seraphiq, qui n'ayant espair-
gné leurs corps, les exposans à toute
occasion pour sa gloire, & sa cause,
les a conservé incorruptibles apres
leur trespas; honneur, & recompense
asséz rare, & donné à peu de personnes. On le voyt en plusieurs Convents des *Indes*, tant *Occidentales*, qu'
Orientales, au principal Convent de
la Province de S. *Thomas à Goa*, repo-
se le corps, instrument d'une infinité de miracles, du R. Pere *Emanuël à
Conceptione*, mort plus de 30. ans,
mais en posture vivante. Le Convent
de S. *Antoin de Bajam* est renommé
aux

aux *Indes*, pour deux thre fors qu'il
poffede en deux corps, l'un du R.
Pere *Emanuël à Nefcimeftre*, & l'autre
du R. Pere *Pierre à Matre Dei*, tous
entiers, efclattant en telle abondance des miracles, qu'ils pretendent
un gros volume pour les d'écrire.
Le Convent de Ste *Barbe de Ciaulen*
poffede le corps du Frere *Bonaventu-*
re, fans aucune corruption ny por-
riture, & la tefte du S. Martyr de
Iapon, le R. P. *Gondifalve* toute freche
comme vivante, encore qu'elle eft
feparée du corps, les cheveux ne
ceffent de croiftre, qu'on coupe tous
les mois, & on les diftribue pour reliques miraculeufes au foulagement
des miferables. Au Convent de S.
Antoin de Malaca, on voit le corps
du Reverend Pere *Louys*, tout entier, & fort celebre par fes miracles,
en voycy un exemple : les Hollan-
dois ayant gaigné la Ville ou il re-
pofe, & le Chafteau, apres un long

fiege, delibererent d'enlever la caf-
fe d'argent, qui enferme le corps, &
fans doubte, pour le traitter contre
ces merites, mais ils en furent étran-
gement empefchez, car voullans entrer dans le Convent pour y execu-
ter leur malheureux deffein; l'entrée
leur en fut difputé par les loups, qui
l'avoint environné, qui blefferent les
uns, & chafferent les autres, & encore jufques à prefent, les loups, bétes
fanguinaires, gardent le trefor inefti-
mable. En fin il ny a pas un Convent des Religieux de S. *François* des
Provinces mentionnées, qui ne foit
honoré de quelque corps fainct ex-
empt de corruption, & de pourri-
ture. Le meme en plufieurs Convents des *Indes Occidentales*. Il faut
étre bien aveugle, pour ne pas icy re-
marquer la providance divine, qui
recompenfe fi largement fes foldats
paffionnéz pour fa caufe. Dieu elargit plufieurs autres graces, & privile-
ges

ges à ces serviteurs Seraphiques ;
mais par ce que le nombre desireroit
un traitté plus ample, notez seulement pour la fin, que puis que Dieu
recompense si particulierement les
Religieux de sainct *François*, en vertu de leur merites, qui se rendant
hommes Apostoliques, & vrays imi-
tateurs des Apôtres, nouveaux Ar-
chitectes de l Eglise Militante, conquerans plusieurs millions d ames,&
par leur vie Euangelique, pauvreté
Apostolique,&Predications enflammées, les encourage pour s'employer à céte occupation; ils persevere-
ront sans doubte en ce méme dessein
jusques à la fin du monde, s'oppo-
sent à l'Antichrist, puis s'assoir en fin
sur les sieges pour juger le tribus d'I-
fraël, recompense, seulement pro-
mise aux pauvres Euangeliques.

F I N.

62091 **ABRÉGÉ** des fruits acquis par l'ordre des Frères-Mineurs es quatre Parties de L'univers et Nommément la Conversion du Nouveau-Monde, recueillies par un Père Cordelier en Bruxelles. *Bruxelles*, 1652, pet. in-12, veau. (B.) 50 fr.

Petit livre fort rare, titre gravé, 7 fnc., 171 pp., 4 figures finement gravées dont une représente l'Amérique supportée par deux anges qui l'offrent à St-François.